围棋

零基础轻松入门 3

胡晓苓 著

山西出版传媒集团 书海出版社

图书在版编目（CIP）数据

围棋：零基础轻松入门 . 3 ／胡晓苓著 . —太原：
书海出版社，2023.8
ISBN 978-7-5571-0115-2

Ⅰ . ①围… Ⅱ . ①胡… Ⅲ . ①围棋—基础知识 Ⅳ .
① G891.3

中国国家版本馆 CIP 数据核字 (2023) 第 129013 号

围棋：零基础轻松入门 . 3

著　　　者：胡晓苓
插画创作：王　宇
故事创作：李怡芳
责任编辑：张　洁
执行编辑：侯天祥
助理编辑：王逸雪
复　　审：崔人杰
终　　审：梁晋华
装帧设计：玄艺书局

出 版 者：山西出版传媒集团 · 书海出版社
地　　址：太原市建设南路 21 号
邮　　编：030012
发行营销：0351 - 4922220　4955996　4956039　4922127（传真）
天猫官网：https://sxrmcbs.tmall.com　电话：0351 - 4922159
E - mail：sxskcb@163.com　发行部
　　　　　sxskcb@126.com　总编室
网　　址：www.sxskcb.com

经 销 者：山西出版传媒集团 · 书海出版社
承 印 厂：山西出版传媒集团 · 山西新华印业有限公司

开　　本：787mm × 1092mm　　1/16
印　　张：11.5
字　　数：200 千字
版　　次：2023 年 8 月　第 1 版
印　　次：2023 年 8 月　第 1 次印刷
书　　号：ISBN 978-7-5571-0115-2
定　　价：48.00 元

前　言

在近二十多年的教师培训工作中，我越来越多关注到初学者在围棋入门阶段遇到两个最难解决的问题：

1. 学了很久围棋也下不完一盘棋。

2. 怎样从吃子思维转向围地思维。

初学者想要短时间内在 19 路棋盘上下完一盘棋，难度的确很大。也因为棋盘大，只能先从局部教吃子，既避免了棋盘大无从下手，吃子简单又充满趣味，因此入门阶段教吃子成为很多围棋老师的首选。

但这样的教法看似在前期很好入门，却在入门后的提高阶段，必然产生上面的两个问题。

《围棋：零基础轻松入门》这套丛书，旨在用围地策略下完一盘棋的思路讲解围棋的基本知识。

19 路棋盘大，下不完？

入门阶段使用小棋盘（7 路、9 路、13 路）下完一盘棋，阶梯式扩大到 19 路。

吃子思维转围地思维有点儿难？

直接教如何围地，运用吃子、死活、对杀等着法组合策略，下完一盘棋。

学完《围棋：零基础轻松入门》，围棋，秒懂！

揭开"秒懂围棋"的序幕

如何下完一盘棋

1. 小棋盘

《围棋：零基础轻松入门》全三册，初学者使用 7 路、9 路、13 路、19 路四种不同大小的棋盘学围棋。初学者在小棋盘上学棋，减少心理压力，降低下完一盘棋的难度，短时间内获得及时反馈（复盘），激发再来一盘的内在驱动力。

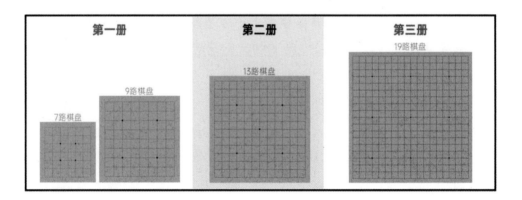

2. 随时可以下完一盘棋

翻开书，每一个知识点都镶嵌在全盘之中。初学者可以边学习边下完这盘棋。下棋，可以从空盘开始，从做完一道题开始，从收官开始，这样练出来的才是真正的下棋水平。

3. 布局、中盘、收官

《围棋：零基础轻松入门》三册书都是以一盘棋的顺序（布局、中盘、收官）进行教学。先建立框架，再填充细节。这样的设置既符合初学者的实践需求，也贴合教师的教学习惯。灵活调整，模块化学习内容。

用围地策略下完一盘棋

1. 全盘教学

《围棋：零基础轻松入门》前两册使用全盘例题教学，培养初学者的大局观。第三册采用局部例题与全局实战的结合模式，理解局部与全局之间内在联系的整体性。

2.围地是过程，也是结果

《围棋：零基础轻松入门1》以围地为主线。使用7路和9路两种教学棋盘。初学者首次接触围棋，7路和9路变化少，学习难度低，有利于建立围地思维。

第一册（入门阶段）零基础~3级必须要知道的内容。

《围棋：零基础轻松入门2》以价值为主线。主要使用13路教学棋盘（最后一课延伸至19路布局）。这个阶段棋盘扩大了，难度也增加了。在已经建立好的围地思维下，引出简单的抽象着法，并尝试用所学着法组合策略，下出价值最大的棋。

第二册（初级阶段）5级~业余1段左右必须要掌握的内容。

《围棋：零基础轻松入门3》以攻防为主线。全部使用 19 路棋盘教学。这部分属于中高级课程，专题式学习复杂着法，注重实战。根据局势变化，善用组合策略，实现最终围地目标。

第三册（中高级）业余2 ~ 4段可以了解并尝试的内容。

这里，我要特别说明的是，入门课程虽使用小棋盘，但并不研究在小棋盘上下棋的特性。不论是7路、9路、还是13路的教学棋盘，都可理解为缩小版的19路。所有的教学内容，都适用于19路的行棋思路，因为我们所学的一切围棋内容都是为了最终在19路棋盘上下棋。

3.大局观与具体着法之间的关系

《围棋：零基础轻松入门》系列注重全局和局部的结合。棋盘逐渐变大，棋力和技能随着内容的增加而提高，思考能力也更加全面和准确。

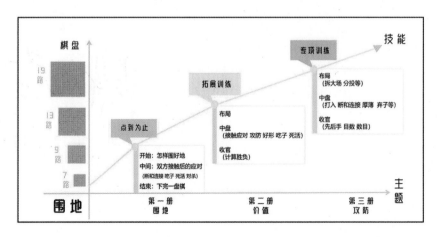

课后实战与练习

《围棋：零基础轻松入门1》（7路、9路）入门阶段，少做题，多下棋。每次做完题后，顺便再下完这盘棋，始终对一盘棋有完整的体验感。

《围棋：零基础轻松入门2》（13路）初级阶段，选择做简单组合着法的练习题。断和连接，吃子、死活、对杀等。做完题后，可选择其中一两盘棋，继续下完。

《围棋：零基础轻松入门3》（19路）中高级阶段，提高局部计算力，注重专项训练和综合训练，同时，寻找全盘与局部之间的联系，总结内在规律。

目前，市面上许多相关的练习题都可以作为练习使用，我自己的《围棋教学习题册》系列丛书也有对应习题可以练习。《围棋：零基础轻松入门》同步的习题册正在整理阶段，日后会陆续出版。

当围棋老师遵循建构主义理论，运用螺旋式教学，让学生用围地策略下完一盘棋时，可能意味着必须改变一些原来的教学理念，舍弃一些过去习以为常、得心应手的做法，或者对一些已经验证过的教学策略做调整。我知道，"改变"是一件很不容易的事情，但若让初学者就能有全局视角，并将知识和使用整合在一起，这不正是我们教师所追求的教育意义吗？

我很高兴各位老师对本书的兴趣，诚挚地希望您把这本书作为自己的资源，与身边的老师一同体会以"围地策略下完一盘棋"为教学目标的美妙。不论您现在处在围棋入门教学的哪个阶段，衷心盼望我们共同走在这条实践的道路上。

2022 年 12 月 7 日

目 录

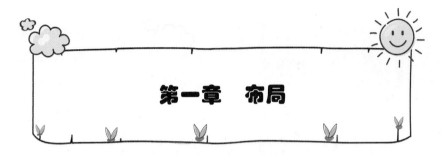

第一章　布局

从布局开始，**每手棋都要下在价值最大的地方。**

先占角，再守角、挂角，最后向边上发展，可以在布局阶段围到更多的地盘。

再以后就是把棋下在**宽广的地方和重要的地方。**

占角、守角、挂角的方法在第二册有介绍，下面就看一下布局时在边上如何行棋。

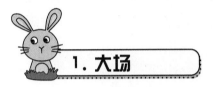

1. 大场

宽广、价值大的地方叫大场。例图 1。

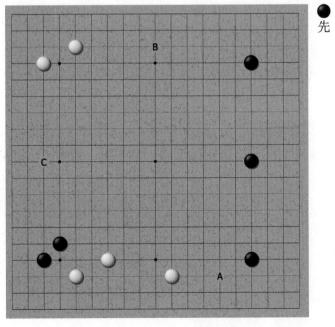

图 1 哪个点是最大的大场？

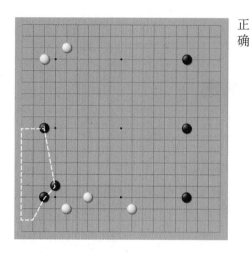

正确

图 1-1 黑 1 拆到全盘最宽阔的地方，作用是扩大地盘，加强自己，同时限制白棋无忧角的扩大。

黑 1 是明显的**大场**。

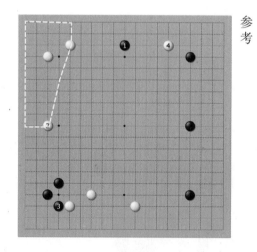

参考

图 1-2 黑 1 拆上边的大场，仅次于白 2，白 2 拆和无忧角配合形成效率高的好形。黑 3 尖顶安定自身。白 4 挂角破黑空形成局部战斗。

这个局面黑棋不如图 1-1。

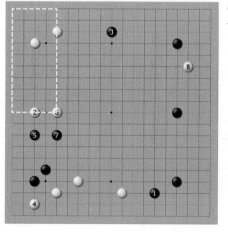

错误

图 1-3 黑 1 守角是三个选点中最小的。白 2、6 和无忧角形成理想形（箱形），围地效率很高。黑 7 补强自己，白 8 打入，局面白棋好。

图 1 中 C 点是最大的大场。

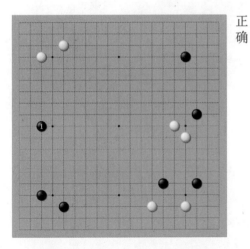

图2 这个局面哪个点最大?

正确

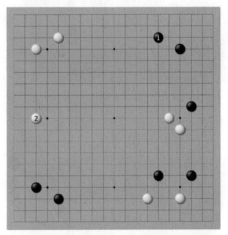

错误

图 2-1 黑 1 是双方立体扩大的中心点。一方扩张的同时，也限制了对方的同形扩大。

图 2-2 黑 1 守角是单方面的大点，白 2 下到双方消涨的要点。

A 点最大（C 点是三个选点中最小的）。

2. 分投

　　下到对方的范围内将其分开，既破坏对方形成很大的地盘，又使自己不会遭到攻击，这种下法叫**分投**。例图1

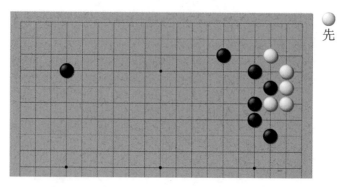

图1　白棋进入上边黑阵，下哪好？

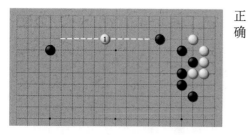

　　图1-1　白1下在三路黑棋的中点（附近），白1叫**分投**。

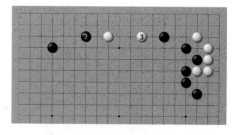

　　图1-2　黑棋2位逼，白棋可在3位拆二，安定自己。

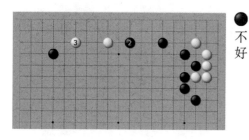

　　图1-3　黑2拦逼另一边，白3还是拆二（白棋的结果比上图更好）。对方无论拦逼哪边，白棋的分投一子都可在另一边拆边，安定自己。

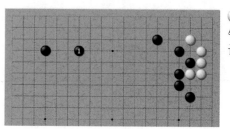

　　图1-4　如果白棋不及时分投破坏黑地，黑棋下在1位，守角兼连片，左右配合好，棋形效率极高。

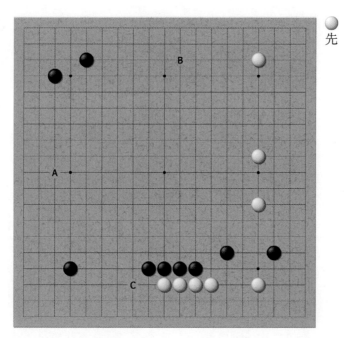

图2 白棋下在哪既能破黑棋的大空，又能保证自己的安全？

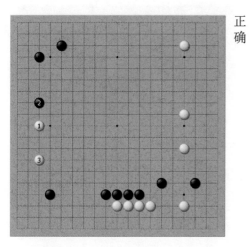

图2-1 白1分投，黑2拆逼，白3拆二建立根据地，确保安全。白1分投有安全的保障。

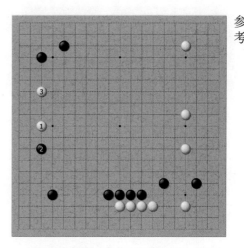

图2-2 白1分投时，黑2逼另一边，白3拆二同样是好形。

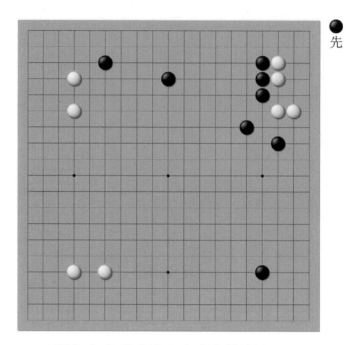

先

图 3 如何从容进入左边白棋阵地？

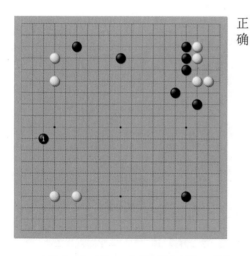

正
确

图 3-1 黑1分投是好棋，可以把左边白棋一分为二，变成小块地盘。

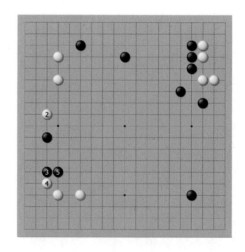

图 3-2 白2上边拦逼正确（上边白棋较薄弱）。黑3拆二，白4尖顶，黑5长，黑棋基本安全。这是双方正确的应对。

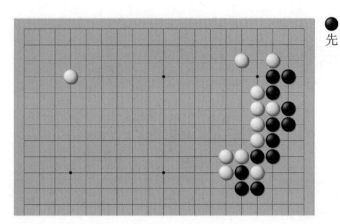

图4 如何在上边分投?

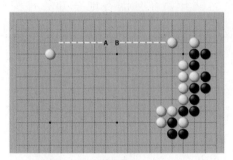

图4-1 白棋间隔十路,没有中心点,A 和 B 是中心附近的点。

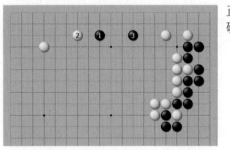

图4-2 黑1分投,离右边的厚势稍远一点,是应对厚势时保证自己安全的办法。白2逼,黑3拆二。

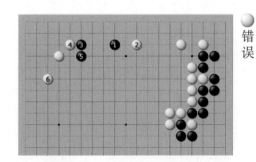

图4-3 白2逼方向错误,厚势重复。黑3挂角很容易就能安定自己。

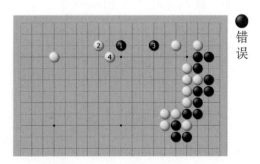

图4-4 黑1分投靠近白棋厚势,白2向厚势方向逼黑棋。黑3拆二离厚势更近,白4小尖攻击黑棋,白2、4借攻击将白棋势力转化到左边。

7

学棋宝物里的九堂课

嘘，宝物要打开了……

下了围棋课的薯条刚走进单元门，想起妈妈嘱咐让去拿快递。原本薯条不喜欢做这些事情，妈妈总是没完没了买很多东西，还总是让薯条跑腿，真烦！

可这次，是二姨寄来的快递！

薯条的二姨，曾经是围棋职业棋手，退役后就开始在全国各地举办各种围棋普及活动，还出版了很多围棋入门习题册，最近又刚刚出版了一套《围棋：零基础轻松入门》，薯条上课就在用这套书，已经开始第二本了呢。

栗栗是薯条的姐姐，六年级，从五岁就跟着二姨学围棋。后来二姨出国了，栗栗又跟着古月老师学围棋。栗栗很喜欢围棋，就算作业堆成山，期中考的前一天，还是要跑到棋社下一盘棋再回家。她说："下棋是放松！"

古月老师是谁？栗栗的围棋老师，二姨的学生。二十五六岁，师范生。古月老师从小喜欢围棋，师范毕业后，就励志当了一名围棋老师。

现在，薯条也跟着古月老师学围棋，是一年级的小学生。

薯条从快递柜里拿出来一个大箱子。上面居然写的收件人不是妈妈的名字，而是

> 栗栗和薯条　　收
>
> 　　　　　　你们的二姨

"我的快递。"这可是薯条收到的第一个属于自己的快递。薯条连抱带拖把快递弄回家。

刚回到家，书包沙发上一扔，找来小刀就要拆快递，看看二姨寄什么好东西给他。

"薯条，这个快递不只属于你一个人哦，是不是应该等等姐姐？"妈妈按住快递箱子，问薯条。

"哦，可是，姐姐多会儿才能回来呀。"

"老时间。"妈妈又看了眼手机，说："还有半个小时。"

箱子摆在客厅里，薯条一会儿坐在凳子上，一会儿又斜躺在沙发上，一会儿把耳朵贴上去听听箱子里边的声音，一会儿又把箱子拿起来颠一颠……从厨房里走出来的妈妈提醒薯条："小心把东西晃散架了。"薯条这才罢手。

要在平日，薯条巴不得姐姐晚点回来，可是今天，他比谁都急。

偏偏栗栗今天班级大扫除。薯条看着墙上的时间，凝固了似的，一点儿不见挪。

终于，楼道里传来了脚步声，一听就知道是爸爸和栗栗回来了。薯条赶紧跑过去开门，高呼："姐姐回来了！可以拆了！妈妈，可以拆快递了吗？"

栗栗疑惑弟弟的热情欢呼，但当看到客厅的快递，才知道原委。大家一起围着箱子，准备拆开看看里边到底是什么东西。

旅行箱？

"打开，里边还有东西，我刚才听到了。"薯条急着找拉链，居然还有密码。"姐姐，密码是多少呀？"

"密码？我怎么知道。"

爸爸和妈妈也摇摇头。

还是栗栗扭身看了一眼箱子，箱底躺着一封信。

亲爱的栗栗和薯条：

我好想你们。

听古月老师说，你们最近学棋很认真。作为奖励，我要送你们九件围棋宝物！

这九件宝物，分别装在九个盒子里，只有用思考才能解开其中的围棋秘诀。希望它们的出现，让你们更爱围棋。

附：旅行箱的密码——围棋的子数。

爱你们的二姨

2022 年 10 月 10 日

3. 要点

　　要点，就是重要的点。要点关系到自己，或对方的安危；也是关系到是攻击对方，还是被对方攻击。

①双方根据地的要点

　　双方都会在棋盘上建立自己的根据地（地盘），攻击对方没有根据地的棋。地盘越大，棋就越安全。

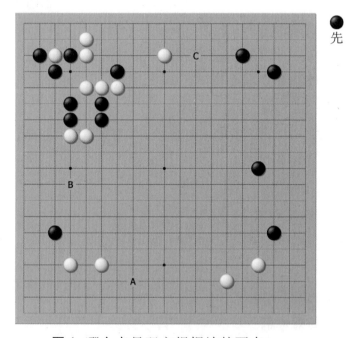

图 1 哪个点是双方根据地的要点？

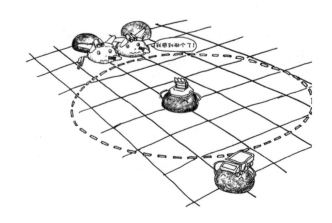

图1-1 黑1大飞是建立根据地的要点，安定自己的同时，还攻击白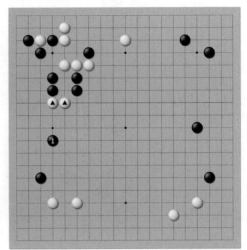两子。

图1-2 黑1打入虽然也是大点，但错失左边的要点。白2拆兼逼，黑⬤顿时被攻，

黑白棋的安全和危险顿时转换。
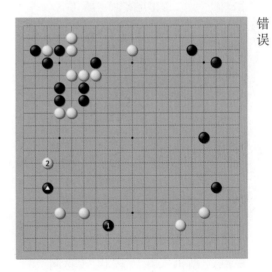

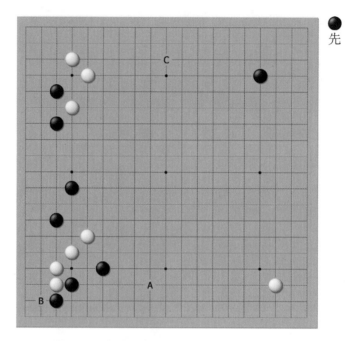

图 2 哪个点关系到双方的根据地？

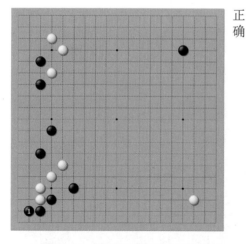

图 2-1 黑 1 长是双方根据地的要点。黑棋安定，白棋只能向中央逃跑。

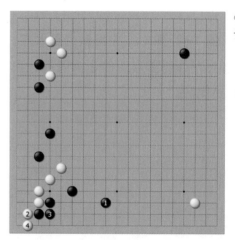

图 2-2 黑 1 拆，只看到自己的安全，没有考虑到可以攻击白棋。白 2 扳、4 立，整块白棋安定，黑棋错过攻击白棋的机会。

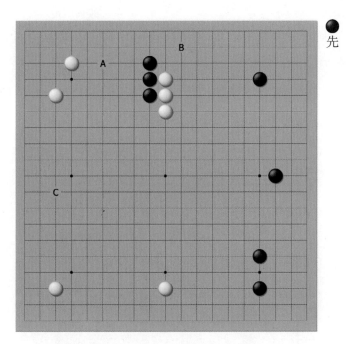

图 3 哪个点是双方根据地的要点？

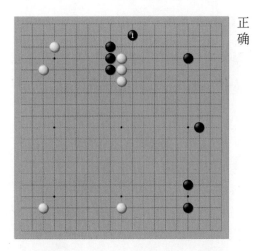

图 3-1 黑 1 飞，建立根据地，安定自己，攻击白棋，使白棋没有了根据地。

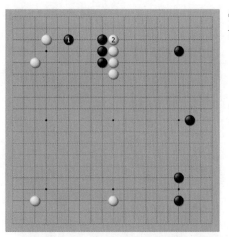

图 3-2 黑 1 拆，看似建立根据地，白 2 挡后，白棋得到加强，黑棋变薄。

②攻防的要点

攻击会威胁到对方的生存，防守是让自己安定，不被对方攻击。大多数的攻防都和根据地有关。

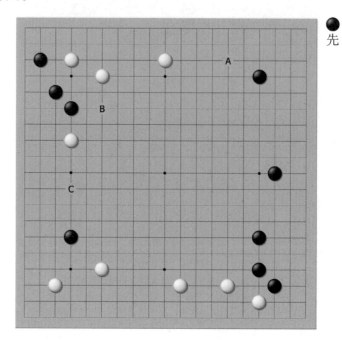

图 4 哪个点是双方攻防的要点？

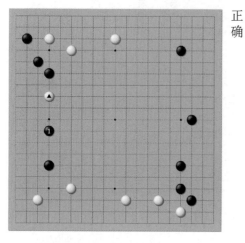

图 4-1 黑 1 拆二兼夹攻白 ▲ 子，是双方攻击和防守的要点。

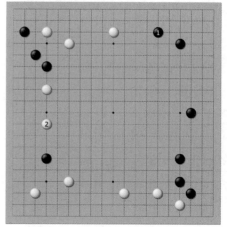

图 4-2 黑 1 守角虽然很大，但白 2 开拆安定自己，又夹击左下黑棋，白 2 才是攻击的要点。

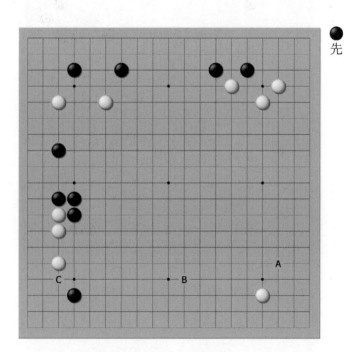

先

图5 选择攻防的要点。

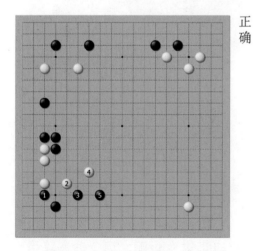

正确

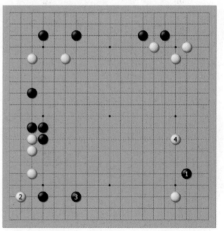

错误

　　图5-1 黑1尖顶，攻击白棋（同时守住角上的黑地）。白2出头，至黑5。黑棋借攻击得到下边大块黑地，白棋仍然是被攻的状态。

　　图5-2 黑1挂角，白2小飞后白棋左边已安全。黑3拆二安定自己，白4夹，再攻击黑1，白棋局面好。

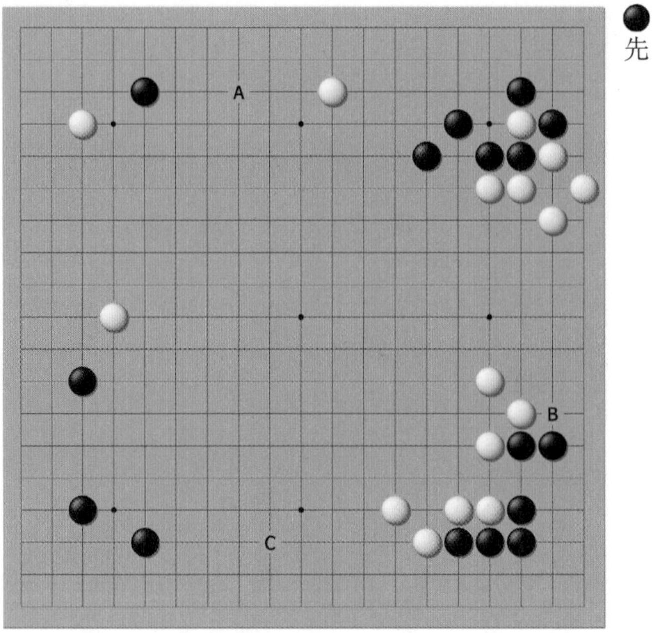

先

图 6 攻防的要点是哪个？

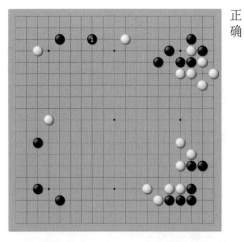

正确

图 6-1 黑 1 拆二，是攻防的
要点。安定自己，攻击白棋。

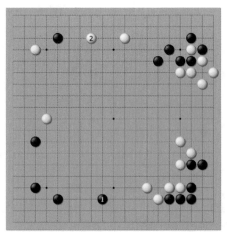

错误

图 6-2 黑 1 拆单纯扩大自己，
对白棋没有影响。白 2 拆夹攻黑
棋，安定自己，攻防瞬间逆转。

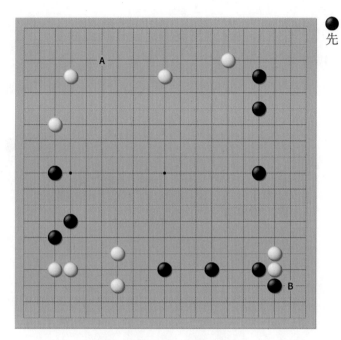

图 7 黑棋该下哪个点？

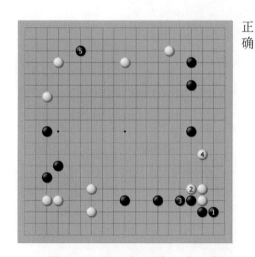

图 7-1 黑 1 立要点。白 2 拐，黑 3 长，白 4 拆二安定自己。黑棋获得先手，再黑 5 位挂角，局面很好。

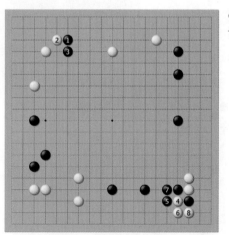

图 7-2 黑棋先挂角，白 2 尖顶简单处理，再于 4 位断，至白 8，白棋不仅安全，而且角部获利很大。

③连接的要点

连到一起的棋，气、眼、出路都能共用，自然棋就变强了。下棋时，下到连接的要点，能使局面对自己更有利。

相反，棋被对方分断时，每块棋各自要做两只眼才能活，增加了活棋的难度，让自己陷于危险中。

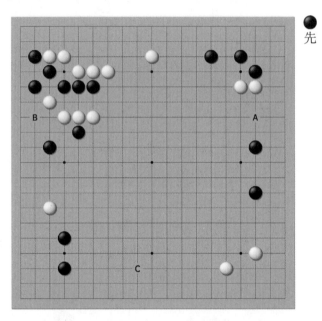

先

图8 这个局面的要点在哪里？

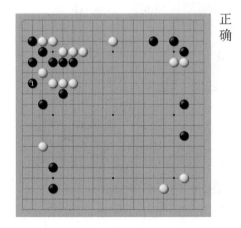

正确

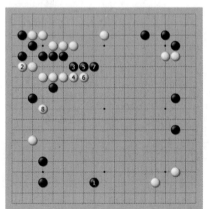

错误

图8-1 黑1跳将两边黑棋连到一起，黑棋整体变强，白棋四子变得危险。

图8-2 黑1拆大场，白2挡分断黑棋，黑3～7只能出头逃跑。白8飞后，左边黑棋两子基本被吃，白棋分断黑棋的收获远远大于黑1拆。

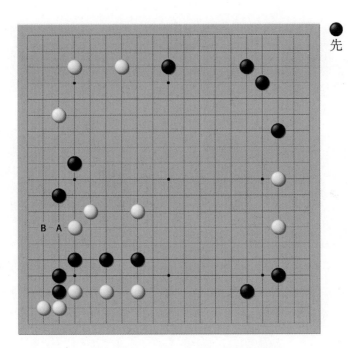

图 9 黑棋如何连接左下角的两块黑棋？

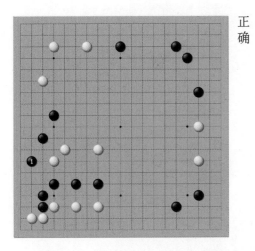

图 9-1 黑 1 飞，将两块黑棋连起来，黑棋变得强大，白棋中央三子处于被攻状态。

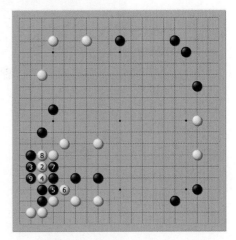

图 9-2 白 2 小尖试图分断，黑 3 爬，白 4 挤，黑 5 粘是先手。至 9 渡过，黑棋已基本连好，白棋若再强行分断则损失更大。

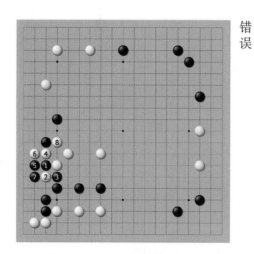

错误

图9-3 黑1托错误，白2扳弃子，再4打吃，至6已分断黑棋。上边黑两子完全成了孤棋。

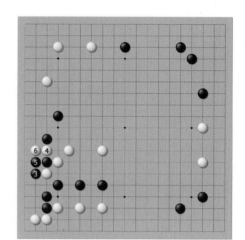

图9-4 黑3扳也无济于事，白4打吃，白6分断，黑棋同样无法连上。

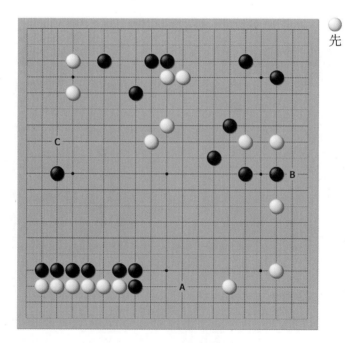

先

图10 哪是连接的要点？

图 10-1　白 1 托过是连接两边白棋的手段。

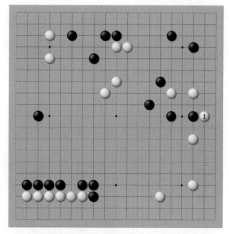

正确

图 10-2　黑 2 扳阻止白棋连接，白 3 断，再白 5 打吃，白 7 挡住，黑 8、10 做活，白棋通过弃子从上边连回。黑 2 的分断失败（结果不如图 10-1 脱先，什么都不下）。

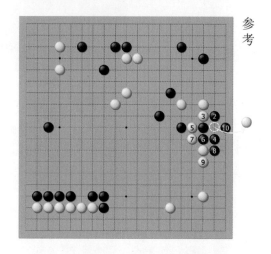

参考

图 10-3　黑 2 从另一边扳断，白棋同样 3 断后，5 打吃，再 7 挡，从上边连接，至白 9 补断，黑棋结果比上图更糟。

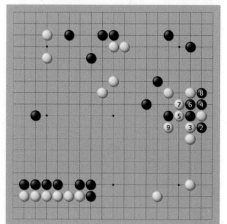

参考

④出头的要点

出头，除了有逃出的作用，还能增强周边的势力。大多数情况，出头和强弱、厚薄，有很大关系，甚至有时关系到死活。

封锁一块棋的出路叫封头。被封的棋即使勉强做活，也是吃亏的。而对方在外围获得的势力价值更大。

所以**出头**和**封头**都是重要的棋。

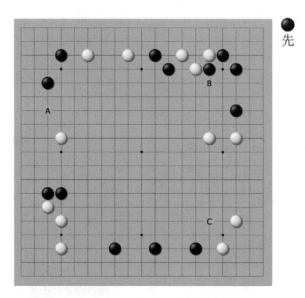

图 11 这个局面最重要的点在哪？

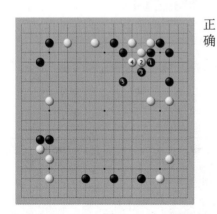

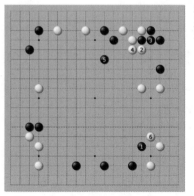

图 11-1 黑 1 长，对白棋的威胁最大，是此时攻防的要点。白棋 2、4 勉强逃出，但黑棋可以对白棋的两块棋进行缠绕攻击。黑棋作战有利。

图 11-2 黑 1 飞压低白棋，白 2 打吃后，4 粘。白棋不仅出头，而且棋形好。黑 5 飞，白 6 小尖，守好白棋地盘，黑棋收获少。

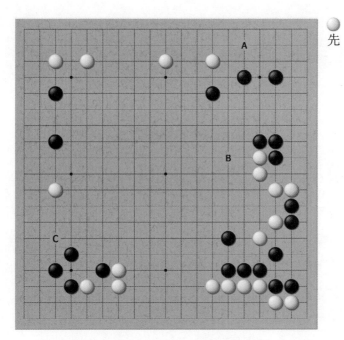

先

图 12 这个局面哪个点最急迫？

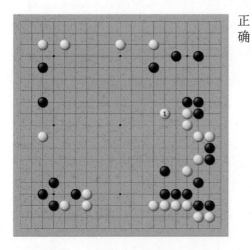

正确

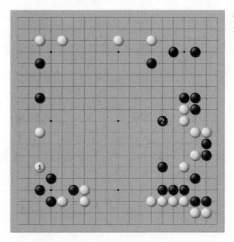

错误

图 12-1 白 1 出头补强右边的薄棋，避免被黑棋攻击是当下最重要的。

图 12-2 白 1 若拆边，黑 2 镇攻击白棋，被攻的这块白棋很难做活。

学棋宝物里的九堂课

橘子口味的棒棒糖（一）

突然的疫情，让整个 T 市再次静默。排队，核酸，网课。

古月老师的网上围棋课也刚刚下课。因为疫情，这样的线上线下来回切换上课，已经成了习惯。古月老师在熟悉了网上上课后，还专门为自己的围棋网课，设计出了一套"围棋·思辨课"，孩子们不仅特别喜欢上，而且在理解力达到一定阶段后，长棋特别快。

原本，一切都在变与不变之间行走。围棋这么古老的游戏，也应该有它的传统与创新。就像昨晚，爸爸建议，趁着静默期，一起解锁二姨寄过来的"盲盒"吧。古月老师欣然答应。

前段时间，古月老师搬家，正好把房子租在了栗栗家楼下。上完课，古月老师就如约来到楼上的栗栗家，方便极了。爸爸已经为他们准备好三把凳子围着书桌，书桌上是被掀开的旅行箱，九个标着数字的盒子躺在里边。妈妈也洗好了一些季节水果，摆在旁边。探索旅行箱里的学棋宝物，拉开帷幕。

大家看着这九个小盒子，既紧张又兴奋。薯条希望里边是涨棋神丹，吃一颗，立刻能变成九段，天下无敌。

栗栗才不相信什么长棋药丸，她希望这是一张藏宝地图，被二姨放在九个盒子里……

古月老师想了很久，想不出究竟会有什么，只好建议："我们先来拆第一个盒子吧。"

栗栗拿出一个标着数字 1 的小盒子，像妈妈的口红盒。刚要拆开，被薯条抢了过去，还说要"尊老爱幼"，让他来拆第一个。栗栗才不吃这套，两人抢了起来，"当"，一个明晃晃的东西掉在了书桌上。

"棒棒糖？"薯条和栗栗异口同声喊出来。古月老师也着实有些惊讶，怎么会是棒棒糖？

"盒子上有什么提示吗？"古月老师问。

栗栗拿着盒子看了半天，没有任何提示。

薯条迅速把棒棒糖抓在手里，而后问："我能吃了它吗？"

"就知道吃！真是一个小屁孩儿。"栗栗生怕他真吃了，赶紧又抢了回来，递给古月老师。

"我不是小屁孩儿！"薯条立刻回了姐姐的话。

栗栗不理薯条了，把棒棒糖递给古月老师说："这就是学棋宝物？二姨是不是搞错了？棒棒糖和围棋有什么关系？"

古月老师接过棒棒糖说："说实话，我也不知道。"

棒棒糖是用透明纸包装的，里边是一瓣儿清亮、甜蜜的橘子模样，令人垂涎欲滴。

栗栗也凑上来用眼睛细寻着蛛丝马迹，但一无所获。

薯条觉得古月老师和栗栗这样观察一个棒棒糖，不对。应该直接撕掉包装纸，一口塞到嘴里，好好品尝一下它的味道。"哎，我好想吃了它，二姨怎么不给多放两个棒棒糖呢？这样大家可以一人一个。"

薯条的这句话，让栗栗脑袋里闪过一道亮光。"你们说，会不会是在说吃子？"

古月老师点点头，虽然看起来是有些勉强的解释，可好像也没有其他更好的解释了。而且，古月老师也不知道二姨是怎么想的，她也没说规则，只是在信中说"用思考解答"。这可真是一个谜。

古月老师说："如果用这样的思路理解，我也想到一点，下棋时，赢了对方以后心里很甜，很开心。"

栗栗似乎得到了肯定，开始继续联想："还有下棋也很好玩儿，而且能带来美好如蜜的回忆。我记得小时候，每次二姨来我家，都会和我下棋，帮我复盘，我的水平就长得特别快。"

"我也要让二姨教我下棋。"薯条对这件事总是愤愤不平，为什么二姨只教栗栗，不教自己。

"谁让你出生晚，到现在还是个小孩子。"栗栗总是喜欢逗薯条。

"我不是小孩子！"薯条举手抗议。

古月老师双手抓住了薯条空中摆动的胳膊说："你二姨不是送了你们围棋宝物吗，等一会儿你还可以给她打个电话，告诉她你今天得到了什么宝物。"

薯条这才安静了下来，点点头。

布局实战

下面这盘布局，来自从零基础开始学习围棋的学生对局。

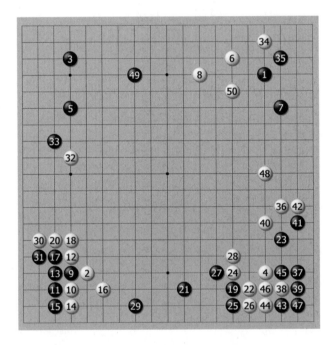

谱 1　开局黑白的四手棋都是先占角，再守角、挂角，然后依次在边上展开。

对于从零基础开始学习围棋的学生，这盘棋的着法已较为熟练，大部分棋下得很好，但有些地方还有更好的下法。下面就看看还有哪些地方可以改进。

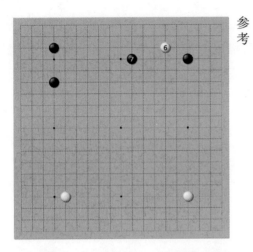

参考

图1 白6挂角，黑棋应于7位夹击更严厉，可以和左边的守角配合形成拆兼夹，效率高。

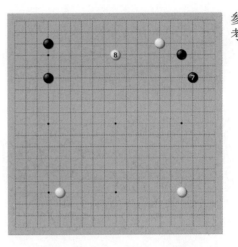

参考

图2 黑7飞守角不如图1中的夹击。白8拆三棋形舒展，既拆到了大场，又保证了自己的安全。

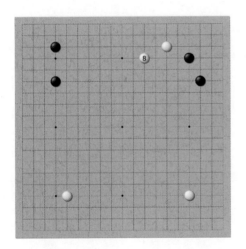

图3 实战中，白8小飞太小，棋形局促。

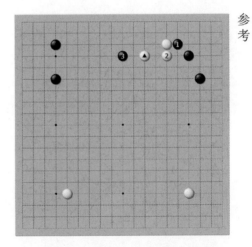

参考

图4 黑应1位尖顶，待白2长出，再3位夹击，白陷入被攻，黑棋好。

白▲应在黑3位拆。

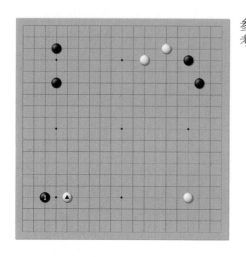

图 5 白▲的占角方法叫**高目**（和小目相反方向，靠近中央）。对于高目黑棋一般会下 1 位挂角。

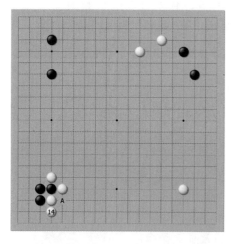

图 6 实战白 14 立下不好，应该在 A 位粘补断。

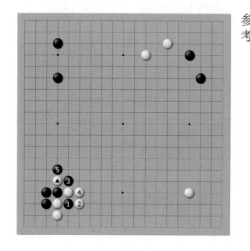

图 7 黑棋应在 1 位断，白棋不好应对。白 2 打吃，黑 3 断兼反打吃，白 4 粘，黑 5 征吃▲。

双方各吃掉一个子，四路的▲比三路的黑 1 大。

结果白吃亏。

图 8 黑 15 挡不好，帮白 16 补断，黑 17 爬也不好，白 18 长以后，白棋外面就没有断了。

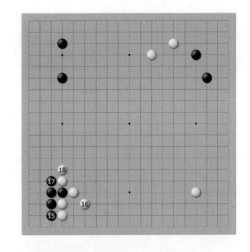

图 9 上图黑 17 应在 1 位直接飞出，以后白棋有 A 位断点。

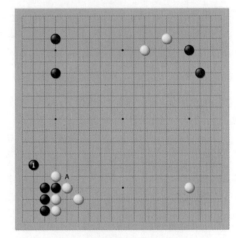

参考

图 10 黑 19 脱先不好。应在 20 位再爬一手，现在白 20 拐是先手，黑棋角上不活，需要补棋。

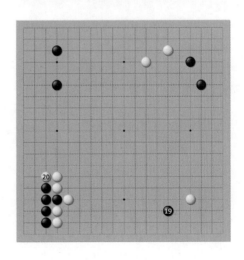

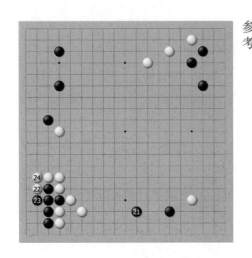

参考

图 11 黑 21 继续脱先是坏棋，白棋只需 22、24 简单扳粘，角上黑棋就死了。

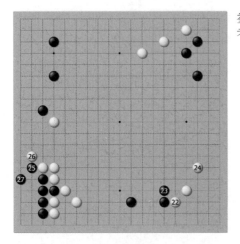

参考

图 12 白 22 尖顶时，黑棋应 23 位长，白 24 飞守角。黑 25 扳、27 虎做活角上，黑棋这样是正常下法。

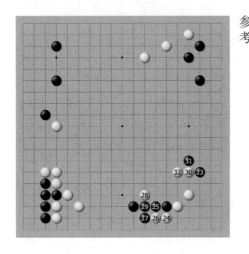

参考

图 13 黑 23 挂角不好，白 24 扳，26 爬，再 28 点，黑棋成团形。白棋再 30 位压出头，黑棋局面被动。

图 14　白 26 挡缓慢，应在 27 位长出更厉害，黑 29 补活下边黑棋，白 30 应扳在 31 位就吃掉黑角了，而 30 立下就是给黑棋送活。黑棋 31 挡，活了（黑有 A 位扳先手，所以是活棋）。

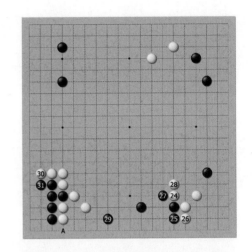

图 15　白 32 拆三是大场，黑 33 跟着白棋下棋不好，这时应下在更大的地方。

白 34 飞角安定，好棋，比黑 33 的价值大。

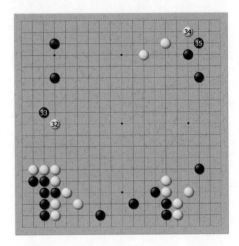

图 16　实战白棋 36 应该先在白 1 位尖顶后再 3 位夹击，黑棋二子不好处理。

上边是很宽阔的大场，价值很大，双方都应尽快占领。

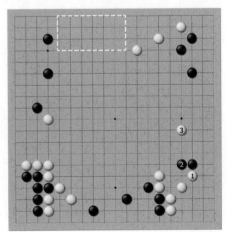

参考

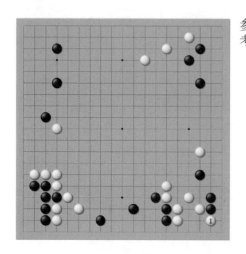

图 17 实战白 40 应于 1 位扳住继续攻击黑棋，角是双方根据地的要点。

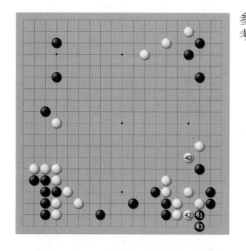

图 18 白 40 不是关键的地方，黑棋可以 41 位扳，再 43 立，黑棋已经活了，白 40 没有作用。

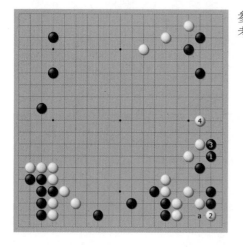

图 19 实战 41 下在黑 1 尖的位置，白应该 2 位扳，黑 3 爬扩大眼位，白 4 跳，黑棋还没有活干净。

扳角是双方根据地的要点。

图 20 实战黑 45 打吃过强，白棋可 46 位断吃开劫，黑棋整块棋成打劫活，这样黑棋就有危险了。

实战白 46 粘成愚形不好，让黑 47 粘角活棋了。

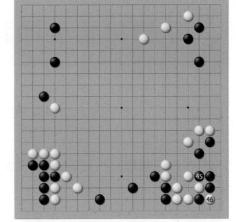

图 21 实战白 48 应在 1 位逼紧，拆兼逼，不仅自身拆的比较大，对黑棋也有攻逼作用。

实战白 48 拆在 A 位太小了，对右上角黑棋也没有影响，效率低。

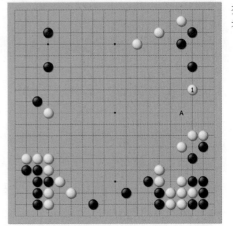

图 22 此时白 1 位压、3 位拐也非常大，以后角上还有 A 位靠破黑空的手段。

实战 50 在 B 位跳几乎没有用，▲是活棋，不需要加强，⬣也是活棋，白对⬣也没有攻击作用。

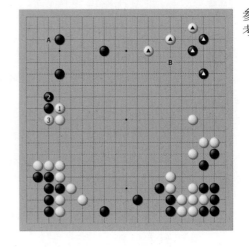

学棋宝物里的九堂课

橘子口味的棒棒糖（二）

古月老师想试着顺着这条思路走下去，于是接着问："除了甜蜜的回忆，还有吗？"

栗栗秒懂古月老师的意思，谁让她的语文也那么好呢。"还有，还有，我记得以前您给我们上课时，口袋里总会装着各种糖果。只要我们认真下棋，不论输赢，都有奖励。"

"哎呀，那时你们那个班进步特别快，害得我天天往便利店跑。"古月老师也沉浸在回忆中，嘴角忍不住微扬。

薯条一听到糖，就来了精神："为什么我们没有糖吃？我要吃糖，也要积分。"

"鱼与熊掌不可兼得。再说，你见过下棋走两步的吗？"栗栗白了一眼薯条。

薯条不服气，但也不得不承认，下棋的确是一人一步。

"围棋会给我们带来两种快乐。一种是外面的，就像你们喜欢吃的棒棒糖；另一种是内在的，是下棋时带来的愉悦。只有喜欢围棋，才愿意坚持下去。也许，这也就是二姨为什么把棒棒糖放在第一个的原因吧。"

"我喜欢下围棋，因为可以得积分。"薯条从自己口袋里掏出一沓积分，"我还有 25 分，就可以换礼品了……"

"真是个孩子。"栗栗小声嘀咕。转身吐槽学校，现在每天作业特别多，都快喘不过气来了，只有下棋时，才能忘记作业，忘记功课。

"栗栗，你是真正从围棋中感受到甜，薯条，你是从积分中感受到甜。不论怎么样，有甜就好。"古月老师看着眼前的这个长大的女孩儿，想起，刚学棋那会儿的栗栗，还是一个假小子。

棒棒糖透过糖纸，透亮的暖橘色印在了两个孩子的脸上。

栗栗隔着糖纸，转动着橘子瓣儿糖，一个小疑惑升上心头，"古月老师，还有一个问题，为什么二姨要选一个橘子味的棒棒糖呢？"

"这个……让我想想……"古月老师也一时不知道怎么回答，"……也许……只是……因为橘子味的棒棒糖最常见，没有什么别的意思了……我……"

"对！"古月老师像找到了一个手筋，立刻说："我想到了！最常见就是它的特点。"

"什么特点？"薯条压根不知道古月老师在说什么。

"橘子味的棒棒糖很常见，常见就是它的特点。围棋也是如此，任何人都可以来学习围棋。当学围棋时，就能在棋中找到橘子味的甜蜜。这是最常见的，也是最好吃、最愉快的。嗯，我觉得这个解释，不错。"古月老师有些得意自己居然会想到这里。

"橘子味的甜蜜，那我要多多邀请我的同学都来学围棋，把我的好朋友都叫来。"薯条咂吧着如蜜的小嘴，甜蜜如饴。

"哎呀，原来是这么玩儿呀。把围棋分享给身边更多的人，让更多人体会到甜蜜。橘子味棒棒糖又多了一层友谊的含义，真好。"

古月老师说完了这些，心里有个触动，这九件围棋宝物，真是需要用思考来解锁呀。

第二章 中盘

1. 攻防

攻防是一盘棋贯穿始终的内容。进入中盘以后，攻防更是如影随行。局部的攻防会影响整个棋局的好坏。攻击对方能缓解自己的危险，同样防守好自己，也能威胁对方的安全。

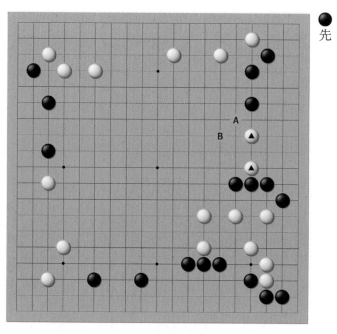

图 1 如何攻击右边▲两子?

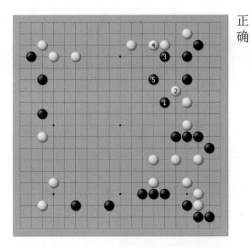

图1-1 黑1镇头很严厉，白2小尖出头，黑3靠压白棋是先手，白4长，黑5飞封住白棋，白整块棋陷入危险。

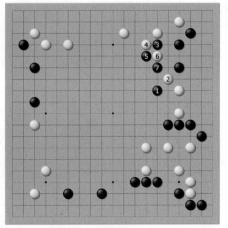

图1-2 黑3靠压时，如果白4扳起，黑5连扳有力，白6断打时，黑7反打弃掉黑3。黑棋的攻击目标是右边的白棋。

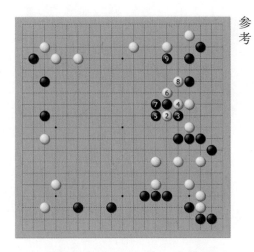

图1-3 白2从另一边靠出，黑3可以扳断，白4断时，黑5、黑7整形，白8虎补断，黑9靠出依然很厉害。

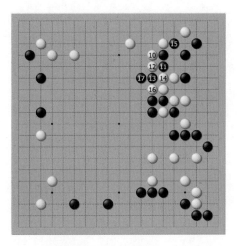

图1-4 白10扳，黑11和13给白棋的连接制造困难，至黑17，白棋两边难以兼顾。

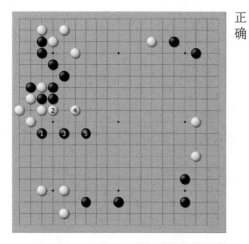

图 2 哪个点对白棋的攻击性更强？

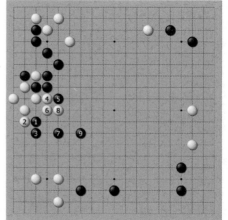

　　图 2-1 黑 1 点是攻击白棋的好棋，白 2 出头，黑 3、5 只要出头保证自己的安全，就已达到借攻击白棋破坏左边白地盘的目的。

　　图 2-2 白 2 爬并不是好的选择，这样白 4、6 出头更难了。而黑 7、9 出头后就达到了破白空的目的。

图 2-3 黑 1 逼几乎没有效果，因为左上白棋眼形丰富，黑棋无法构成对白的威胁，白 2 拆兼逼自己安定后再 4 位飞回，白空很大。

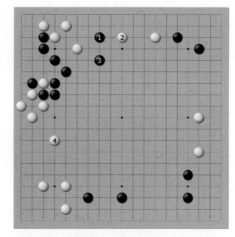

图 2-4 黑 1 从左边扳，白 2 扳先手保全眼位，再 4 位扩大眼位，简单活棋。

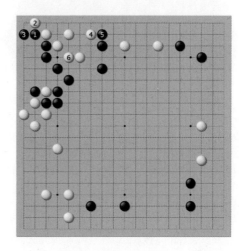

图 2-5 黑 1 托，从右边攻击白棋，白 2 扳、4 立后角部已做活。

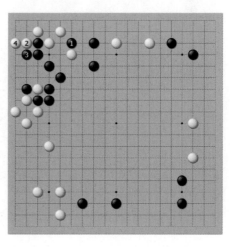

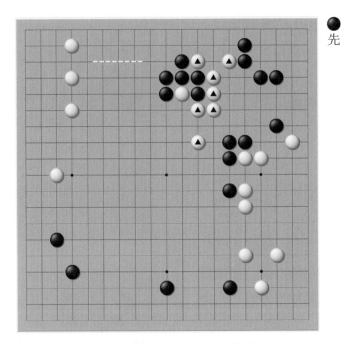

图3 这个局面哪里是攻防的战场呢?

上边一块黑棋,看似处于白棋的地盘,但因为可以在虚线的位置拆边,建立根据地,中央可提吃白一子,下边还有打吃连回,这几个因素决定了这块黑棋比较厚实,没有安全问题。

中央标▲的白棋,没有眼位,周围也没有黑棋可以攻击或利用,所以这块白棋会成为攻击的目标。

图 3-1 黑 1 靠借打入白阵腾挪，瞄着中央白棋弱棋，白棋反而更难处理。

白 2 向中央长，黑 3 肩冲，至黑 9 跳出，黑棋不仅破掉左边白棋地盘，而且对中央的白棋形成攻击。

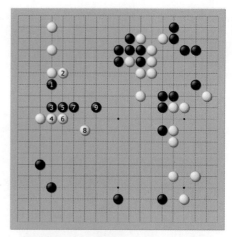

正确

图 3-2 黑 1 靠时，白 2 扳，黑 3 长，白 4 粘时，黑 5 拐出头整形，白 6 跳攻击黑棋，黑 7 跳出头，中央的白棋同样处境艰难。

如果白 6 在黑 7 方向扳头，则黑 6 位跳出也是好棋，白左边一子，陷入绝境。

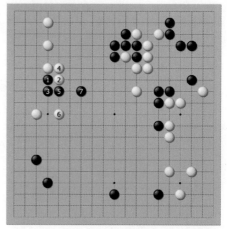

变化

图 3-3 白 2 若下扳，则黑 3 连扳，至 8、10 渡过，白亏。黑棋中央提一子的价值非常大，以后白棋中央更难行棋了。

白 6 若 8 位打吃，则黑 6 位断吃后打出，还是黑好。

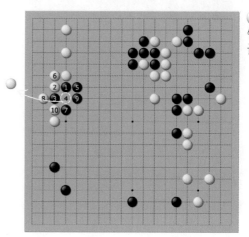

错误

图 4 如何借攻击白棋成势？

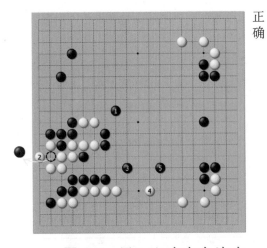

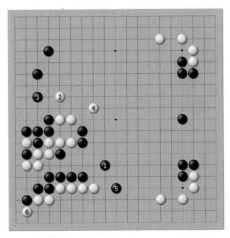

图 4-1 黑 1 飞攻击左边白棋，白 2 提黑一子做眼，白 3 飞后再 5 位大跳，黑借攻击将中央形成超级大黑阵。

图 4-2 黑 1 先飞，白 2 跳迫使黑 3 连接，再 4 位向中央飞，白棋出头畅快，暂时已没有危险。黑 5 飞下，白 6 挡就可轻松活棋。黑棋中央无法形成大的阵势。

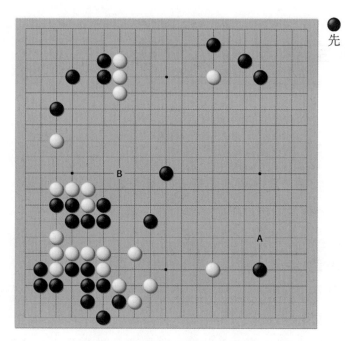

图 5 全局攻防的要点在哪？

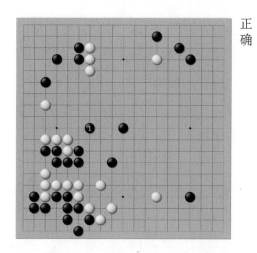

图 5-1 黑 1 小飞不仅安定中央的一块黑棋，左边和上边的两块白棋也受到威胁。

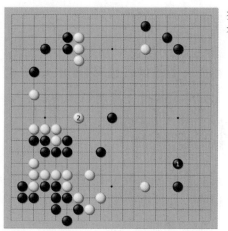

图 5-2 黑 1 守角，白 2 飞起，黑棋变薄，整个中央的攻防都已改变。

学棋宝物里的九堂课

地图

棒棒糖还没放下，薯条就从箱底翻出标着数字 2 的大盒子。从盒子里抽出四份地图。L 小区地图，T 市地图，中国地图，世界地图。

"四张地图，四个棋盘。"薯条说，"我知道，二姨书里就有四个棋盘，7 路，9 路，13 路，19 路。我现在都学 13 路了。"

"看把你得意的，我还在 19 路上下棋呢，我说什么了吗？"栗栗说。

"古月老师说我最近进步特别大。"薯条转向古月老师，眼里满满的殷殷期盼。

古月老师特别肯定地说："没错！我们薯条进步超大！7 路过渡很快，学 9 路时，知识也很扎实，果真是栗栗的弟弟。"

薯条得意极了。

古月慢慢展开这四张地图，想了想说："这四张地图只有这一个提示吗？会不会还有别的什么意思？比如说，地图的目的是要做什么？"

"不迷路！"栗栗脱口而出。

"对，不迷路，还有，还有……"薯条也想说，但却想不出其它的好主意。

"我想，'不迷路'可能是地图的关键。"古月老师把四张地图平铺在地板上，栗栗和薯条第一次这样看地图。栗栗用手指划过一条条公路、河流，"你们看，这地图上的公路、河流，多像棋盘上的横竖线啊。"

古月老师接着说："是呢，一张地图，就像是一盘大棋。一般来说，我们只有去不熟悉的地方才需要地图，需要引导。如果某个地方我们很熟悉，就不会去看地图，因为地图在你的大脑里。大脑里的那张地图叫思路。想要认识路，就要到处多走走。"

"下围棋也一样，从不知道如何下棋，到有自己的思路，就需要多下棋，多练习，棋力就会越来越厉害，也有了思路。我说的对吗？"古月老师说。

"我知道了。"栗栗立刻说，"想要不迷路，就要好好和您学围棋，多下棋，多做题，提高计算力。走棋时，先在大脑里走，谁在大脑里走得远，看得变化多，谁就棋力更厉害。也就是说，下棋就是训练大脑认地图。"

"栗栗果然厉害，一点就透。"古月老师举起大拇指，表扬栗栗的理解力。

"还有我。"薯条说，"我现在可是在中国地图上下棋了。"

"你也很厉害，不久，你就可以环游世界了。"

"我要和姐姐环游世界。"

"你不怕我赢了你？"栗栗逗薯条。

"我不怕，我一定会打败你的！"

"你等着。"

"我等着。"栗栗和薯条两人互相盯着对方的眼睛，声音一声比一声高。

"你们姐弟俩，有谁帮我倒杯水去？"

"我去！"话音还没落，薯条就冲到了门口。刚走出门，又折回来说："我赢了！都别动，等我。"地板传来咚咚咚的声音……

"小孩子才注重输赢。"栗栗撇撇嘴。

"栗栗，我还想到一点，最近我看你下的棋，我想用地图来给你举个例子。每座城市是中国的一部分，中国又在世界有一席之地。我们在下棋时，不能只盯着局部，或者只看全局。要把局部放在全局中看，又要在全局中看局部的着法，分析每一步的价值。世界是共同体，一盘棋也要随着棋局变化而动态看待局部和全局之间的联系。你能明白我的意思吗？"

"就像流动的河流？"

"是的。"

"所以，我猜第 3 个盒子里会是'价值'。"

"真的？"栗栗赶紧在旅行箱里找标着数字 3 的小盒子。

这时，薯条端着水赶回来了。"等等我呀！"着急得差点把水洒了出来，好在古月老师接住了。

2.打入

进入对方地盘，破坏对方围成大空，这手棋叫打入。

打入前应考虑好后续的应对，是否逃出（和己方相连也可以）？对方封锁时能否做活？只要能保证安全，就可以打入。例图1。

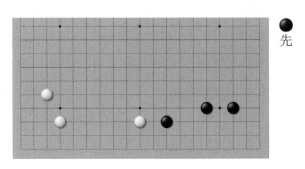

图1 白阵很大，如何打入？

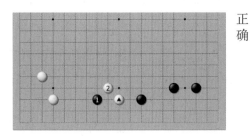

图1-1 黑1进入白空，破坏白棋的地盘就是**打入**。白2小尖，加强▲子攻击黑1。

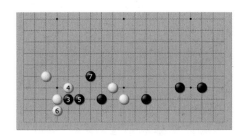

图1-2 黑3碰、5长寻求活棋，白6立保护角地，并限制黑棋的眼位，黑7小飞出头，棋形舒展，打入成功。

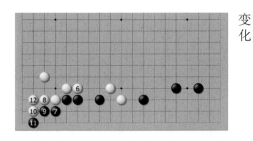

图1-3 白6强行封锁。黑7扳、9爬扩大眼位，再11位先手扳。

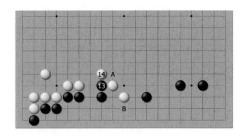

图1-4 黑13贴后下边B位托就做活了。A位断，也严厉，白棋难以应对，更吃亏。

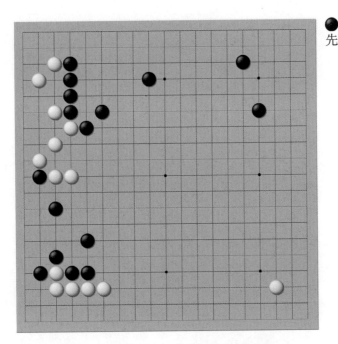

图2 如何打入上边黑棋的阵地?

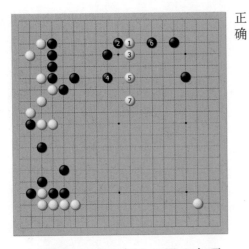

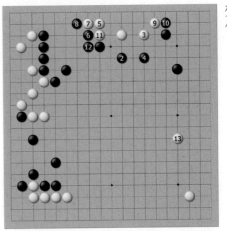

图2-1 白1打入,黑2尖顶,围住左边黑棋地盘。白3长出头,至白5、7跳出,白棋打入成功,黑棋地盘变小了。

图2-2 黑2飞选择封锁白棋。白棋3~9扩大眼位,至白11做活。打入成功后,白棋13位拆大场,局面白棋优势。

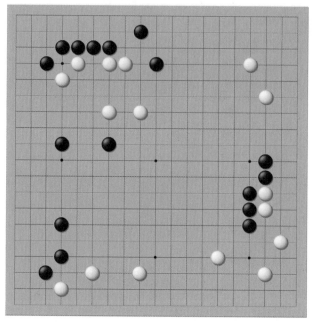

先

图 3 如何打入黑阵？

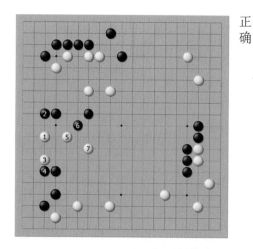

正确

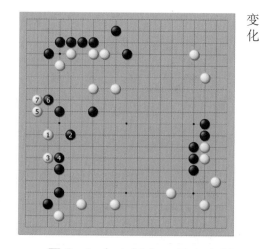

变化

图 3-1 白1打入，黑2立拦住，白3拆，黑4挡，白5跳、7飞出头，打入成功。

以后黑棋从6位处冲断白棋，白可弃掉5一子整形，大局更加有利。

图 3-2 白1打入，黑2飞封头，白3~7扩大眼位做活，彻底破掉黑空，打入成功。

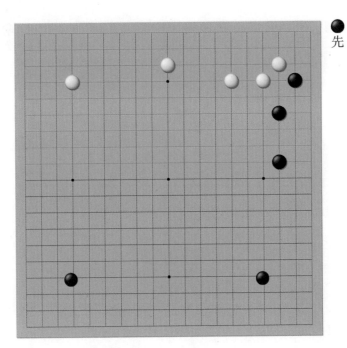

先

图4 黑先，下哪打入？

正确

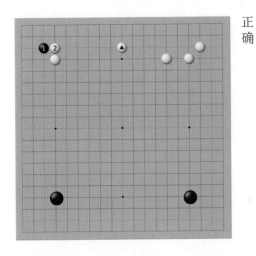

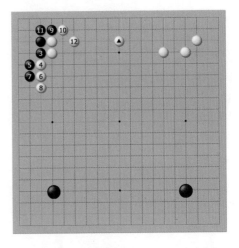

　　图4-1 黑1点三·3是常用的打入方法。右边有▲子时，白棋2位挡最好。

　　图4-2 黑棋3～7扩大地盘，黑9、11是先手扳粘，白12补棋很大。

　　这是白棋有▲子时的点角定式。

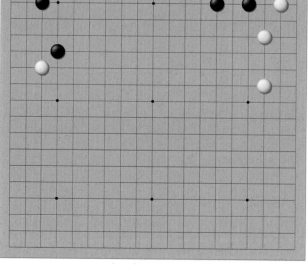

先

图 5 黑棋怎样在白棋的拆二中打入？

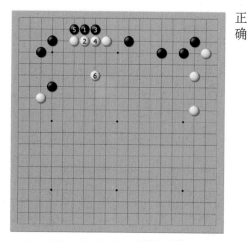

正确

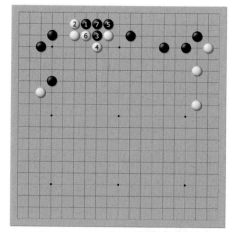

变化

图 5-1 黑 1 点，虽然在 2 路打入，因为关系到白棋的根据地，所以是要点。至黑 5 连回，白棋成了无根的孤棋，只有向中央出头逃跑。

图 5-2 黑 1 点时，白 2 挡。黑 3、5 从另一边连回，白棋的根据地被黑棋破坏，向中央逃跑。

先

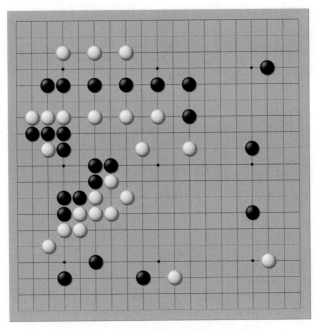

图 6 如何补好右下的白棋？

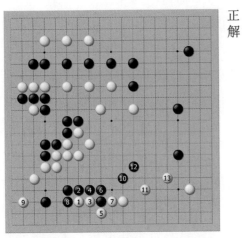

正解

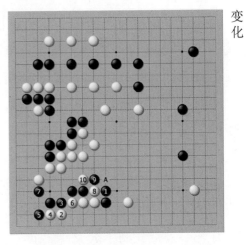

变化

图 6-1 白 1 打入是以攻为守的好棋，至白 7 连回，黑棋的根据地遭到破坏，白 9 飞后黑已不活，只能 10、12 位逃出，白棋顺势 11、13 补好自己，效率非常高，比直接补棋效果更好。

图 6-2 上图（图 6-1）黑 4 不挡，在 1 位长阻止白棋渡过，白 2 飞扩大眼位，至 6 挤，黑棋漏洞百出，黑 7 补断，白 8 冲断。以后白 10 断或 A 断，黑棋崩溃。

学棋宝物里的九堂课

红包

第三个小盒子被打开了，红包！

再打开红包，里边有一张 100 元人民币，一张 1 元人民币。

"101 块？"

"我想应该是价值。"古月老师回应说。

"棋子的价值？"薯条问。

古月老师肯定地点了点头："更准确地说应是每一步棋的价值。"

栗栗立刻明白，补充道："古月老师的意思是说，100 元是价值最大的棋，1 元就是没有价值的棋。"

"或者是价值很小的棋。"古月老师接着栗栗继续说，"《围棋：零基础轻松入门 2》中的'不下废棋'就是价值 1 元钱的棋。"

薯条手里拿着 100 元，说："我不要 1 元，我喜欢 100 元。"

"我也喜欢 100 元，就像下棋时，有价值大的棋，当然会先下，丝毫看不起 1 元小钱。可是，你也要知道，在最后的收官阶段，也许你就是因为 1 元钱微弱优势，赢棋，或者输掉了。这都是常有的事儿，对吧……因此，1 元钱也会变成最大的棋。"

栗栗突然想起什么，古月老师的话还没落音，就接了上来："没错！上次我坐公交车，正巧我忘带公交卡，可是我的身上只有 10 元钱，周围也没地儿换零钱，幸好有好心人帮我刷了公交卡，我才坐上公交。要不真不知道怎么办。1 元钱，关键时刻，还是很重要的。"

"哦，我想起来了，妈妈每次也只给我 1 元钱的零花钱。她总担心我乱花钱。"薯条也开始觉得，1 元钱，小是小了点，但是也有它的价值。

古月老师听这姐弟俩聊得火热，想到了一个经典小游戏。她从薯条手里要过来 100 元，平铺在桌子上，"现在桌子上的 100 元，我数一二三，谁抢到是谁的。"

一，二，三。

薯条嗖的一下，伸手去拿，"我要。"

栗栗赶紧阻止说："爸爸说过，不能随便要别人的东西。"栗栗从薯条手里抢回 100 元，又放回桌子上。

"可是，这是古月老师给我的，不是我要的。"

"那也不行。"栗栗拿出当姐姐的权威，不许薯条拿。

古月老师再次把 100 元钱从桌子上拿起来，问："你俩为什么会为这 100 元争论？"

"因为爸爸不让。"薯条嘴快，总是抢着说。

"什么呀，拜托想想再说，古月老师是在说'价值'！"

"你们说的都没错。"古月老师看着这姐弟俩，对他俩说，"薯条想要这 100 元，是因为它的价值。爸爸不让你们随便要别人的东西，因为也有价值在其中，他担心你们如果随便要别人的东西而为此付出不必要的代价。而你听爸爸的话，也因为爸爸爱你们，你们也爱他，有价值，应该听。一张 100 元，有明显的价值，也有潜在的价值，就看你们的选择。棋盘上，每一步棋也都有它自己的价值。有些价值大，有些价值小，关键在于选择。每一个选择的背后，都有代价。"

栗栗点点头，好像懂了，薯条也点了点头，好像又没懂。

古月老师看着眼前的这两个孩子似懂非懂的样子，笑着说："好啦，我们换一个简单点的。刚才我们说 1 元小是小了点，但你们有想过吗，1 元加 1 元，加到 100 张，就是 100 元。和存钱一样，积少成多。"

"二姨说过，下围棋也要积累，做题，下棋，就是积累。"

"还有复盘。"薯条也赶紧接上。

"没错，以你们现在的能力，包括我自己在内，不是每一步棋都能下出价值 100 元的棋，只要在下棋过程中，看到你这个水平所能理解范围内最大的棋，就是好棋。只有多练习，才能解锁发现更多好棋的价值。"

薯条一听"解锁"，立刻想到"挖宝藏"。

"没错儿，挖出每盘棋，每颗子的价值。"

晚上，古月老师坐在电脑旁，打开 Word 文档，该从哪儿写起呢？她想把今天的事情记录下来。

嘘，宝物要打开了……

3. 侵消

对方不仅地盘大，还有很大的发展，这时就要阻止对方继续扩大。打入是一种破坏地盘的方法。如果打入对自己不利，可以用侵消的方法来压缩对方。

侵消既能消减对方的发展，也能保证自己的安全，例图1。

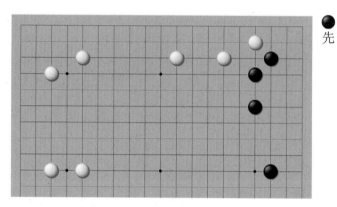

先

图1 黑棋如何破解上边白阵？

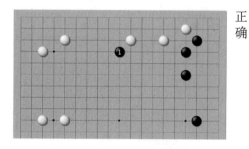

正确

图1-1 黑1肩冲是侵消白阵的好棋。

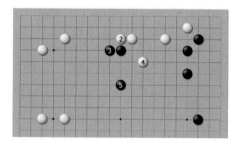

图1-2 白2爬，黑3长，白4飞起，黑5大跳，黑棋出头保证自己的安全，白阵也变小了。

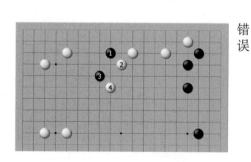

错误

图1-3 黑1打入过深，白2尖、4飞罩，黑棋很危险。

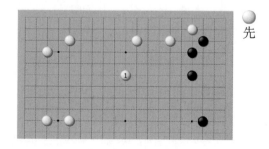

先

图1-4 如果被白棋下到1位则白地巨大，所以侵消白阵刻不容缓。

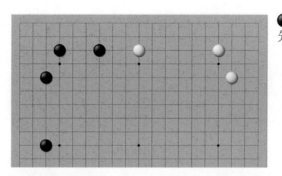

图2 黑棋如何侵消右边白阵？

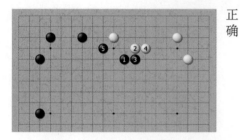

图2-1 黑1吊是压缩白阵的好棋，白2飞，黑3压继续压缩，白阵已经缩小。

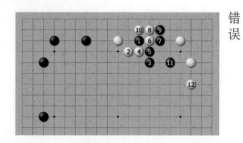

图2-2 黑1打入，白2小尖攻击，黑3飞出。即使白4简单冲断，白棋两边都已安全，打入的黑棋还是被攻状态。

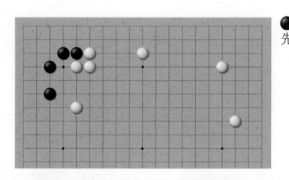

图3 黑先如何应对白棋的大空？

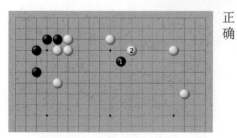

图3-1 黑1吊，先终止白棋继续扩张的计划。

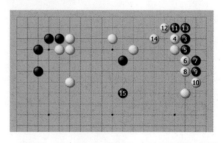

图3-2 黑3点三·3正是时机，至11、13扳粘黑棋先手活角，再15中间大跳出来，白棋的阵势缩小了许多。

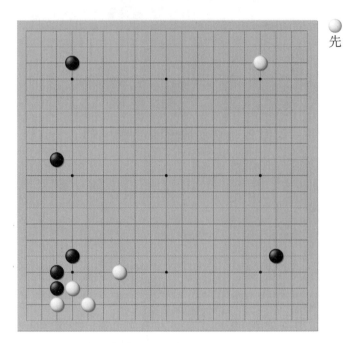

图 4 白棋如何消减左边黑棋的发展？

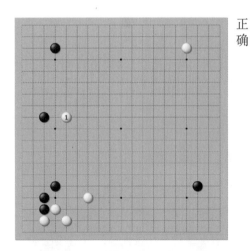

图 4-1 白 1 镇，从黑阵的中心位置压缩黑阵。

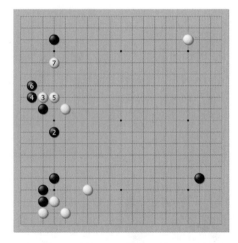

图 4-2 黑 2 飞回，连好下边，白 3 靠下，至白 7 挂，黑棋的大阵势被压缩成小块地盘。

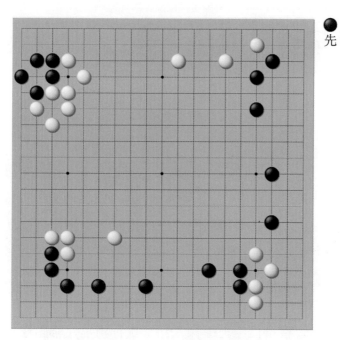

图5 黑棋下在哪里是要点？

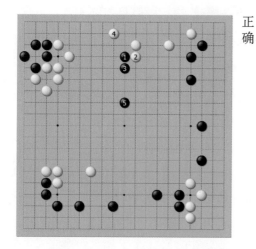

图5-1 黑1肩冲压缩白阵是要点。白2贴，黑3长，白4再飞过连接兼搜根，黑5中央大跳，消减白势后扬长而去。

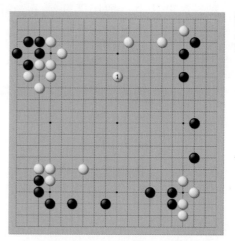

图5-2 这个局面无论黑棋下哪，只要白棋下到1位，上边的地盘立刻膨胀了很多。

学棋宝物里的九堂课

钥匙和锁子

下午 4 时 30 分，古月老师上完围棋·思辨课，拿上钥匙，出门了。

栗栗和薯条两人正趴在门上，比赛看谁耳朵尖，能辨别出古月老师的脚步声。

"来啦！来啦！"古月老师刚刚走出电梯没两步，薯条就在门内大喊，赶紧开门，把古月老师热情地迎接进门。栗栗也不甘示弱，赶紧拿出已经准备好的拖鞋，放在古月老师脚前。

书房里的旅行箱里，还有 6 个没有拆的学棋宝物。

大家还没坐稳，薯条已经把手探入到了旅行箱里，胳膊像长臂吊车一样把标着数字 4 的盒子挖了上来。打开盒子，里边有一把将军锁，两把钥匙。

薯条拿出其中一把钥匙开锁子。可是，插是插进去了，但是打不开。

栗栗拿起另一把钥匙，从薯条手里拿过来锁子，吧嗒，锁开了。

"钥匙一样，怎么我就打不开呢？"薯条说。

栗栗把两个钥匙并到一起，让薯条观察。

"钥匙的牙齿不一样。"薯条这才恍然大悟。

古月老师点点头，接着说："为何看起来相似的钥匙，却有着不同的结果呢？"

栗栗说："我知道，同样一手棋，看似一样，但其实价值是不一样的。"

"栗栗的理解力真是不一般。除此之外，我联系之前的宝盒，我有一个重大发现。"

"快说说，是什么？"两个人都迫不及待，像发现了新大陆。

古月老师卖关子说："想一想，你们二姨出的哪三本书。"

"《围棋：零基础轻松入门》？"

古月老师点点头。

栗栗和薯条安静了下来，宝物和书能有什么关系？

看着两个人都不说话，古月老师继续提示："再给你们一条线索，第一本的主题是什么？我可是在课堂上……"

薯条立刻想起来："围地。"

"对。"古月老师夸薯条记得牢："那第二本书呢？"

"价值。"薯条又第一个抢答对了。

栗栗一听，立刻明白了古月老师的意思。反问薯条，"那你知道第三本书是什么主题吗？"

"第三本……我还没学呢。"

"姐姐说。"古月老师让栗栗先说。

栗栗在凳子上端正了一下身子，说："二姨的这几件宝贝，第一件橘子味棒棒糖，是让我们对围棋有兴趣。第二件地图，是让我们建立围地概念，这也是第一册的主题。第三件100元和1元合起来的人民币说的是价值，这是第二册的内容。现在这是第三本书里的内容，攻防。"

"哇，真厉害！"古月老师鼓起掌来，"和我想的一样。"

"等我学到第三册我也知道。"薯条有些不服气。

"你和你姐姐一样聪明，前两个是你说出来的答案呀。等你学了第三册，你也会知道答案的。还有，刚才栗栗说到一步棋的不同价值，我想还有一个关于攻防的解释，两把钥匙，一把能打开，一把打不开。也许是在传递在攻击对方时，有可能攻击成功，也有可能攻击失败。所以，找到合适的钥匙，是关键。也许，这是你们二姨想要告诉你们的吧。"

4. 断和连接

分断和连接是下棋常用的着法。连接可以加强自己；分断可以削弱（或消灭）对方；补断可以保护自己的断点，不被对方分开。

这部分多以尖、虎、飞、双等**手筋**呈现。手筋是局部价值最大、效率最高的棋。

（1）连接

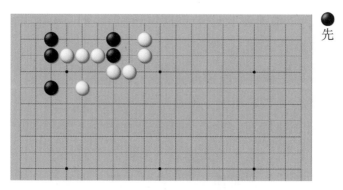

先

图 1 如何将两边的黑棋连好？

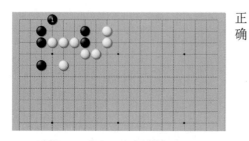

正确

图 1-1 黑 1 小尖就可以连接。

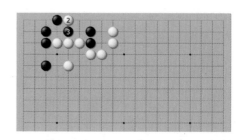

图 1-2 白 2 阻断时，黑 3 打吃就连通了。

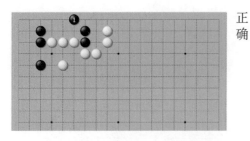

图1-3 这边小尖同样可以连接。

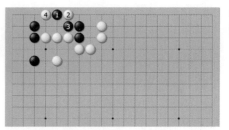

图1-4 黑1看似离两边都近，实则两边都没连上。白2靠断做准备，白4枷吃就可分断黑棋。

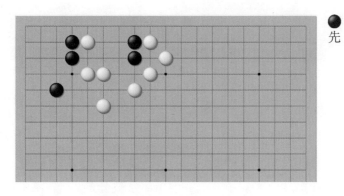

先

图2 黑棋如何连接？

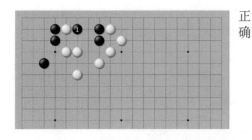

图2-1 黑1夹，两边黑棋就连好了。

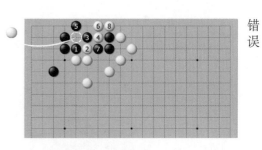

图2-2 黑1冲、3断吃无法连接。白棋4位反打，再6位立下，黑棋两子即被切断。

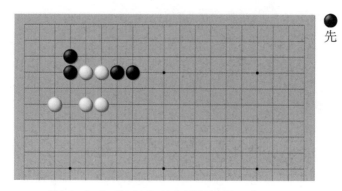

图3 如何把两边的黑棋连到一起？

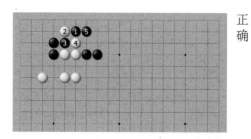

图3-1 黑1飞是连接的要点。白2靠断，黑棋只需3位冲断，再5位长就连好了。

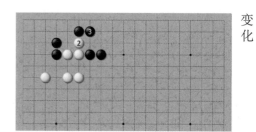

图3-2 白2位顶，黑棋一定要3位长才能连好，其它着法都会被分断。

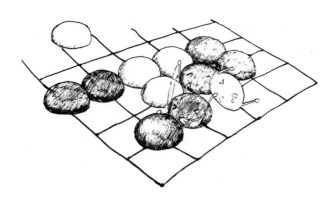

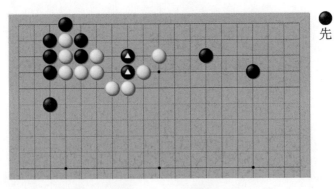

图4 黑棋如何连回 ● 两子？

正
确

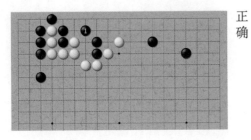

图4-1 黑1小尖是唯一可以连回的下法。

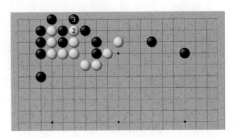

图4-2 白2冲时，黑3挡住弃两子是连接的关键。

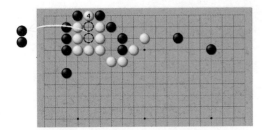

图4-3 白4提黑两子。

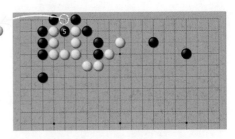

图4-4 黑5打二还一，再提回来就连好了。黑棋连回以后，白棋整块不活，陷入被攻状态。

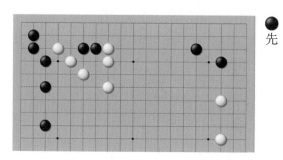

先

图 5 黑棋如何连接？

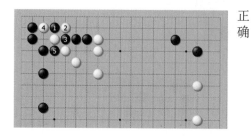

正确

图 5-1　黑 1 托就可把两边的
黑棋连好。白 2 扳，黑 3 断，白 4
打吃时，黑 5 也断吃。

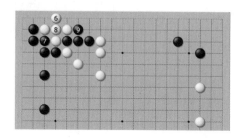

图 5-2　白 6 提，黑 7 打吃，白 8
粘，黑 9 挡吃掉白棋。白 8 也可以不
粘和黑棋打劫，也是黑棋的局面有利。

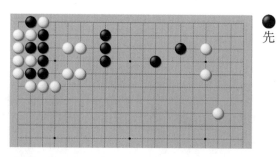

先

图 6 角上的黑棋还能连回来吗？

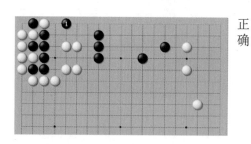

正确

图 6-1　黑 1 飞，左边已经连
好，右边大飞也是无法分断。

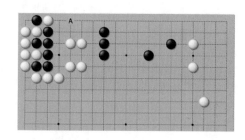

图 6-2　除 A 之外的其它下
法都不能连回去。

(2) 分断

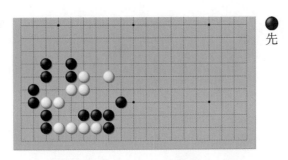

先

图 7 黑棋如何分断下边白棋的四个子？

正确

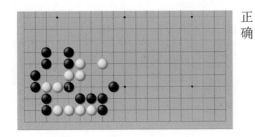

图 7-1 黑 1 小尖，已分断
白棋。

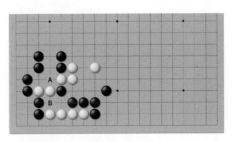

图 7-2 白棋出现 A 和 B 两
个断点，不能兼顾。

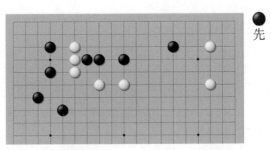

先

图 8 上边白棋没有连好，黑棋如何分断白棋？

正确

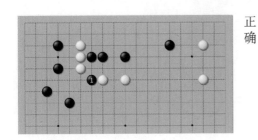

图 8-1 黑 1 靠断是分断对方
常用的手段。

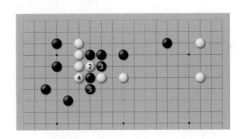

图 8-2 白 2 冲、4 打不是聪
明的下法，被切断的棋越死越多。

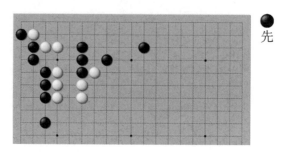

先

图 9 黑棋有分断白棋的手段吗？

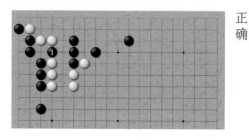

正确

图 9-1 黑 1 挖断，已经分断白棋。

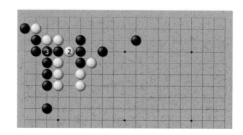

图 9-2 白 2 打吃，黑 3 粘后，白棋有两个断点不能兼顾。

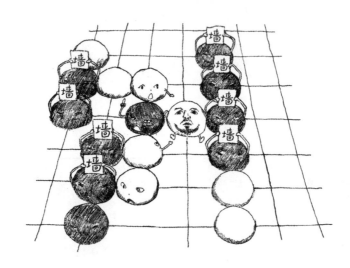

图 10 黑棋如何分断白棋?

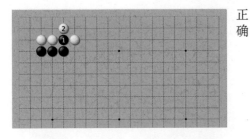

图 10-1 黑 1 冲,白 2 挡。

正确

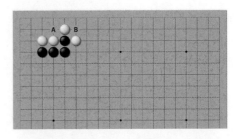

图 10-2 白棋出现两个断点。黑棋要角地则断外边,要外边则断角里。

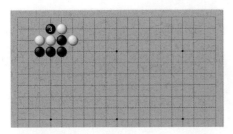

图 10-3 黑 3 断,白棋如何选择?

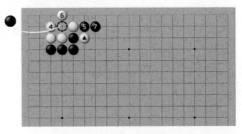

图 10-4 黑棋断哪,白棋就吃哪。白 4 打吃,黑 5 断吃切断▲一子才是目标。白 6 提,做活白角。

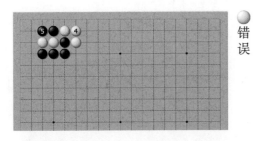

错误

图 10-5 白 4 粘不好,黑 5 吃掉角里白棋。与图 10-7 相比,黑棋棋形不变,白棋棋形效率低。

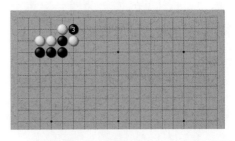

图 10-6 黑 3 断另一边,白棋如何应对呢?

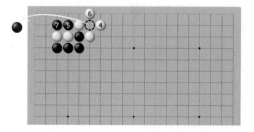

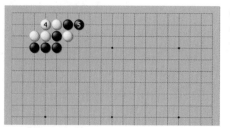

图 10-7 白棋还是断哪边吃哪边，白 4 打吃掉黑子，黑 5 断打再 7 打吃掉角里白子。

图 10-8 白棋直接 4 位粘错误，和图 10-4 相比，本图白角还没有活。

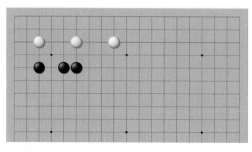

图 11 白棋两个拆二并没有连好，黑棋如何分断？

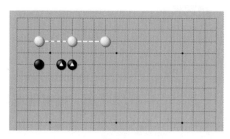

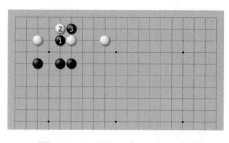

正确

图 11-1 黑棋▲子厚实，白棋两边都是拆二，虚线处的连接薄弱，黑棋可利用对方的薄弱将白棋分断。

图 11-2 黑 1 靠，白 2 扳住，黑 3 扭断是手筋。

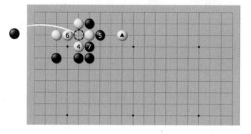

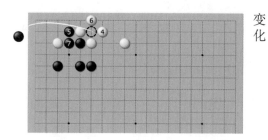

变化

图 11-3 白 4 打吃，黑 5 反打吃，借白 4、6 吃黑一子时，将白棋▲子分断。

图 11-4 白 4 打吃扭断一子，黑 5 反打吃，至黑 7 粘，将角上白子切断。

（3）补断

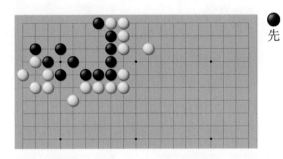

图12 黑棋角上怎样补断？

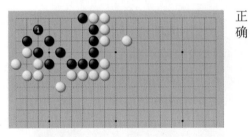

图12-1 黑1虎补断。一子两用，两边都兼顾到了。

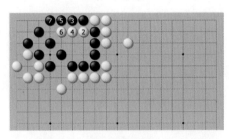

图12-2 如果白2打吃，黑3只需长出就可以，至黑7，黑棋连好。白棋2位断没棋。

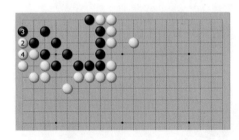

图12-3 以后白2扳，黑棋直接3位挡住就可以。

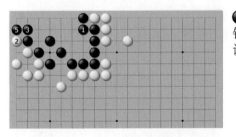

图12-4 黑1粘补断过于简单，白2扳时，黑棋不能挡，只能黑3长，白棋脱先。以后黑5挡，黑棋比图12-3多下了一手棋。

图12的黑棋在补断点时，要照顾两边的棋形。图12-1黑1既补了断点，也有利于左边的官子，是一子两用的好棋。

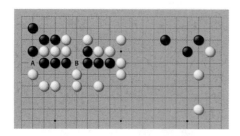

先

图 13 ▲四子非常危险，黑棋如何连接？

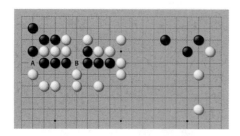

图 13-1 黑棋有 A 和 B 两个断点不能兼顾。

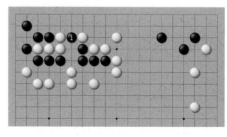

正确

图 13-2 黑 1 挖，撞紧白气，争取先手补断。

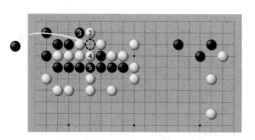

图 13-3 白 2 下边打吃连回，黑 3 断打，白 4 提吃时，黑 5 打吃，先手连好一个断点。

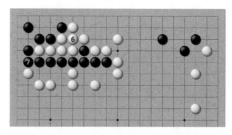

图 13-4 白 6 粘，黑 7 粘补断，黑棋全部连回。

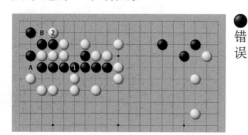

错误

图 13-5 黑 1 直接粘不好，白 2 先扳，巧妙化解图 13-2 的黑 1 挖。以后黑棋粘 A 位，白棋 B 位打吃，整块黑棋都死了。黑棋在 B 位团活棋，则白 A 位断吃黑棋。

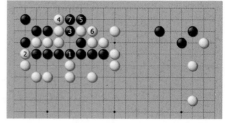

错误

图 13-6 白 2 直接断错误，黑 3 挖，白棋就气紧了。为避免倒扑，白 4 立下。黑 5 打、7 粘，还是白棋死。

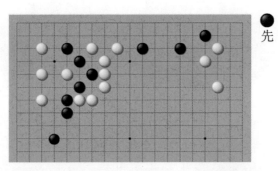

先

图14 左上的黑棋断点很多,如何安全连回?

正确

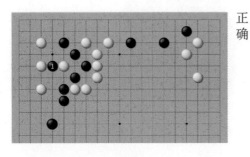

图14-1 黑1挖弃子,是唯一能将所有断点消除的手段。

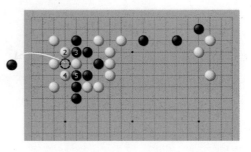

图14-2 白2打吃,黑3断,待白4提时,黑5把断点连好,黑棋就安全了。

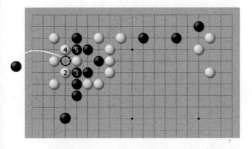

图14-3 白2打吃另一边,黑3断,结果和上图一样。

错误

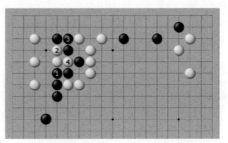

图14-4 黑1粘不好,白2挤,黑3粘时白4再挤,黑棋出现两个断点,已被白棋切断。

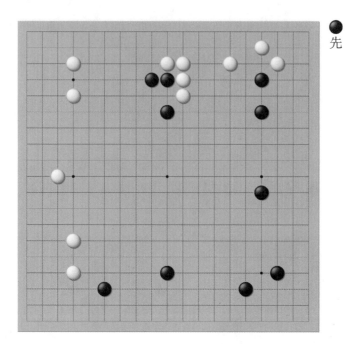

图 15 上边黑棋如何补断？

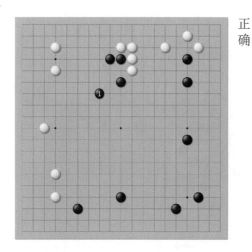

图 15-1 黑 1 飞是兼顾中央的补断方法，生动地呼应了全局。

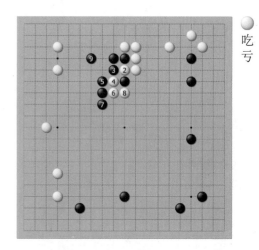

图 15-2 白棋 2 冲断不好，黑 3 挡，5 打吃后 7 位长，要征吃 4、6 两子，白 8 拐打补棋，黑 9 跳也是补断的好棋。

全局来看，白棋 2 ~ 8 团在一起，对应的黑棋 3 ~ 9 则棋形舒展，效率高。

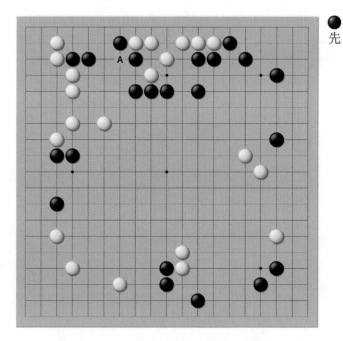

图 16 上边 A 点有断，如何补断?

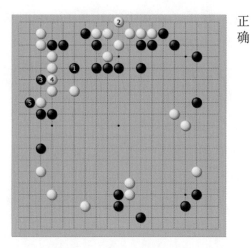

正确

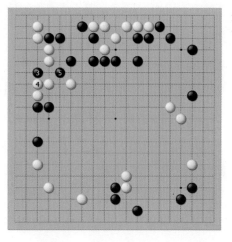

变化

图 16－1 黑 1 跳补断，威胁上边白棋，白 2 做活。黑 3 点，白 4 粘，黑 5 扳过，既缩小了白角，也加强了左边的黑棋。

图 16－2 黑 3 点时，白 4 团住，阻止渡过。黑 5 小尖，白棋无法同时连上两处，只能舍弃一边了。

学棋宝物里的九堂课

插线板（一）

栗栗从旅行箱里拿出来标着数字5的盒子。打开盒子，居然是一个12孔插线板。

薯条还在奇怪，怎么是插线板？栗栗就说出了谜底："思考，这一定是思考，让咱们下棋时多思考呢。"

"思考？那为什么是12孔啊？"

"12个月呗。这种问题，真幼稚。"

"还有呢？"薯条不甘心，继续刨根问底。

"没有了。"栗栗回得干脆。

"真没劲！下一个吧。"薯条觉得这样太慢了，不如都拆开算了，到时候再慢慢想。

古月老师赶紧制止住，"别急嘛，神秘点不好吗？还是一起来想想这个插线板，就只有这些吗？"古月老师又抛出了这个问题。

"还有什么？"栗栗也不知道还有什么。

"我也不知道，不过拆了这么多宝盒，我们都没有动一下棋盘，好像缺点什么，薯条，去把棋盘拿过来。"古月老师发出命令。

薯条立刻接收到命令，"收到！"薯条从凳子上跳下来，跑去拿棋盘。不一会儿薯条就抱来了13路的棋盘和棋子。

"怎么是13路。"栗栗说。

"我在学13路呀。"

古月老师接着说："弟弟现在正在学《围棋：零基础轻松入门2》，第三册才是19路。"

"哎，二姨要是早点出就好了。我当时上课也能摆一本书在桌上。"

"你现在不是用着咖皮色的《围棋入门·初级习题册》吗？出一本大家认可

的好书,很考验作者的综合能力。"古月老师摸着刻在棋盘上的棋盘线,忍不住感叹。

"哎呀,还是回到我们的插线板吧。"古月老师说,"既然我们认为这个插线板代表的是'思考',那我们就一起来思考一件事情,做个思辨小游戏。"

"咱们都喜欢价值大的棋,喜欢价值大的事儿,包括面值大的钱。一般来说,价值越大,大家就越喜欢。比如下棋,同样如此,布局时会先下在角上,一颗棋子就守住一个角。价值大,大家都会最先抢占。接着是边,最后才轮到中央。"

古月老师边说边在棋盘上摆出一个常见的星位定式。而说到中央时,只是棋子在空棋盘上画了一个圈儿,并未落子。"现在,开动大脑时间到啦,选择走价值大的棋就真的好吗?"

"啊?好难啊!没听懂哎。"薯条瞬间没了兴趣。

栗栗也面露难色,但嘴上却说:"让我想想,我想想……"然后就没声儿了。

这个问题的确有点儿难,该怎么办呢?

5. 吃子技巧

当断、点、扑等这些简单的手段按一定的顺序组合后，就形成了杀伤力极强的吃子方法，比如大头鬼、滚打包收等。

①金鸡独立

围棋中的金鸡独立是指在边线立下，对方因两边都气紧不能入子，从而吃掉对方的手段。例图1。

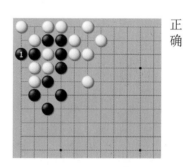

图1-1 黑1立，形成金鸡独立。

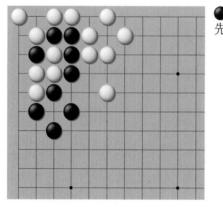

图1 如何吃掉白棋？

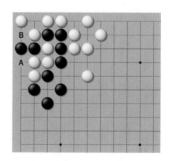

图1-2 白棋A和B两边都不入气，白棋四子就被吃了。

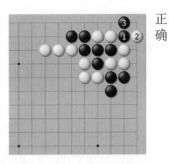

图 2-1 黑 1 简单断就可以，白 2 打吃，黑 3 立下，形成金鸡独立，白棋两边不入气，白棋被吃。

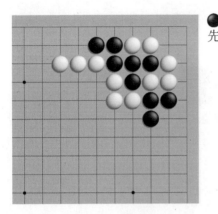

先

图 2 黑棋如何救活自己？

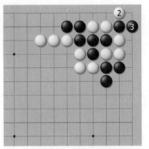

图 2-2 白 2 在另一边打吃，黑 3 立下，结果一样是金鸡独立。

②倒脱靴

倒脱靴又叫**脱骨**，是围棋中的一种独特的吃子方法。先让对方提掉自己一些子,再在被提处断吃对方,送对方吃的子必须是方四或弯四(拐两个弯)这两种棋形。例图 3、图 4。

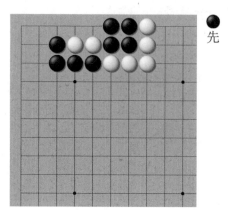

图 3

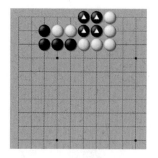

图 3-1 黑▲四子是方四的棋形。

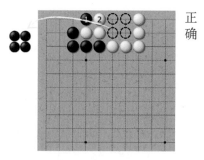

图 3-2 黑 1 打吃，白 2 提。白 2 提后呈方四的棋形。

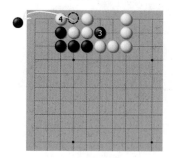

图 3-3 黑 3 打吃，白 4 提。

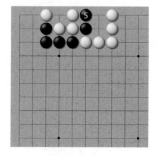

图 3-4 黑 5 打吃，白棋被吃。这种吃法就是**倒脱靴**。

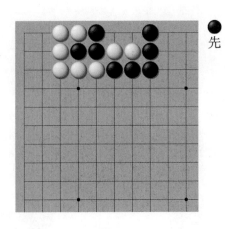

先

图 4

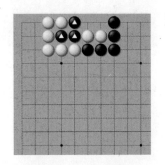

图 4-1 黑 ▲ 三子已
经死了。

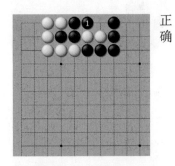

正
确

图 4-2 黑 1 拐，多
送一子是好棋。

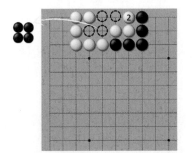

图 4-3 白 2 提掉的
棋形是弯四。

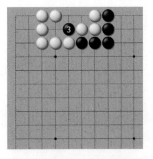

图 4-4 黑 3 断吃，
白三子已跑不掉了。

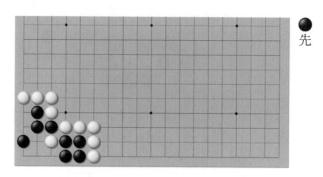

先

图 5　黑棋如何做活？

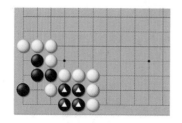

图 5-1　黑棋可以考虑弃掉●四子，利用倒脱靴的手段活棋。

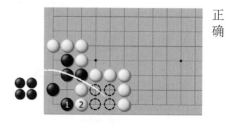

正确

图 5-2　黑 1 小尖是唯一可以做活的棋，白 2 提形成方四。

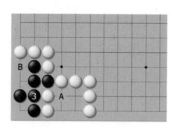

图 5-3　黑 3 紧气，角上做好一只眼，以后 A 位可以断吃白棋做一只眼，B 位也可以做眼，两点必得其一。

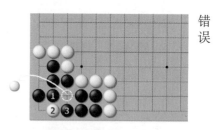

错误

图 5-4　黑 1 打吃错误，白 2 扳形成倒扑吃，黑 3 提。

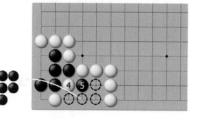

图 5-5　白 4 提，黑 5 依然可以断吃白棋。

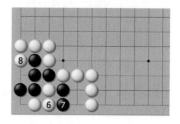

图 5-6　白 6 粘住形成弯三，黑棋已经没法做活了。

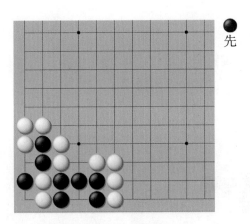

先

图 6 黑棋如何做活？

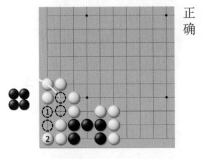

正
确

图 6-1 黑 1 粘成弯
四的形状，白 2 提。

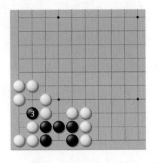

图 6-2 黑 3 断吃就
活了。

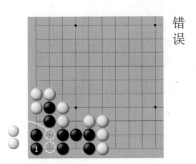

错
误

图 6-3 黑 1 直接提
是坏棋。

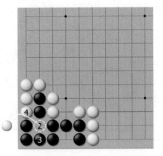

图 6-4 白 2 扑破坏
黑棋的眼位，至白 4，
黑棋被杀。

③大头鬼

大头鬼又叫**秤砣、拔钉子**。通过不断的弃子和打吃等固定着法，使对方气紧，并形成一大块愚形，然后吃掉它。例图7。

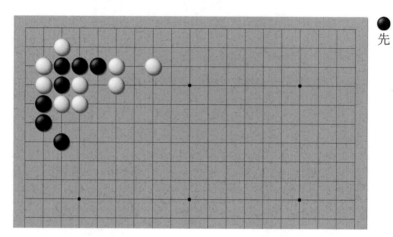

图7 如何救活左上黑棋四子？

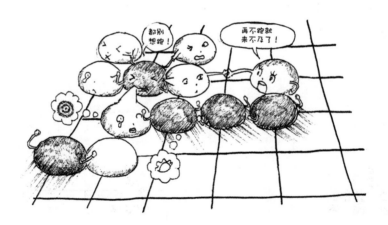

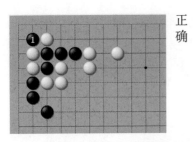

图7-1 黑1断好棋。围棋有句谚语"棋从断处生"，从断开始，展开各种变化。

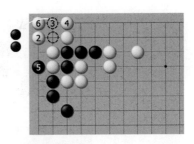

图7-2 白2从另一边打吃可以吃掉这颗黑棋，黑3长多送一子是紧气的关键下法，白4打吃，黑5打吃，白6提。

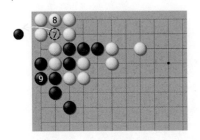

图7-3 黑7继续扑也是在缩短白棋的气。

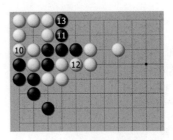

图7-4 白棋10团补眼，黑11、13紧气，就杀掉白棋了。

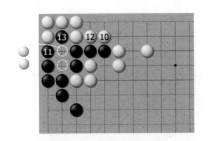

图7-5 白10扳是此时最好的下法，黑11打吃，白棋连不上，只能12位打吃，黑13提吃。黑棋用大头鬼的方法将四子救回来。

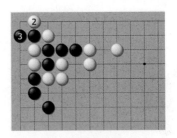

图7-6 白2打吃，黑3立下，形成金鸡独立，简单结束战斗。

黑1断、3长，再7位扑的弃子紧气手段就叫**大头鬼**。

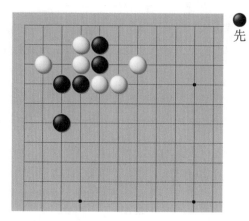

先

图 8　黑先，如何吃掉白棋？

正确

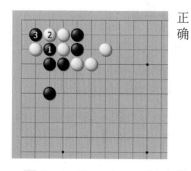

图 8-1　黑 1 冲、3 断为做
成大头鬼做准备。

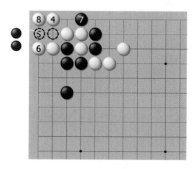

图 8-2　白 4 打吃，黑 5 长
多送一子是缩短白棋气的关键。

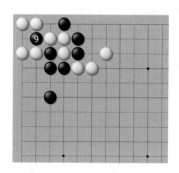

图 8-3　黑 9 扑可以缩短
白棋的气。

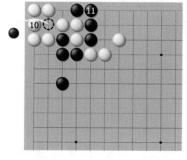

图 8-4　黑 11 粘，白棋的
气已经不够了。

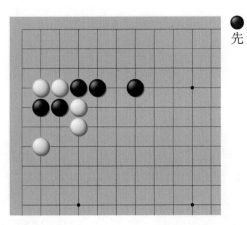

先

图9 如何用大头鬼吃掉白棋？

正
确

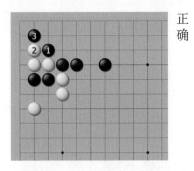

图9-1 黑1扳，再3位连扳是紧气的要点。

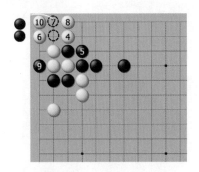

图9-2 白4打吃，黑5粘，白6打吃，黑7长重要。

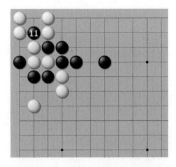

图9-3 黑11扑继续紧气。

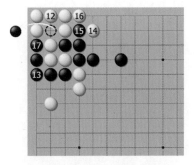

图9-4 黑13粘，以后无论白棋怎么变化，结果都是被吃。

④胀牯牛

被打吃的棋，因为有禁入点而无法粘，这样的棋形叫**胀牯牛**。例图10。

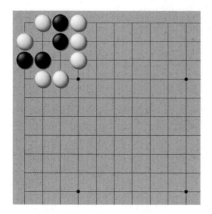

图10 黑棋如何做活？

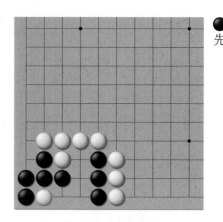

先

图11 黑先做活

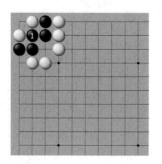

正确

图10-1 黑1打吃即形成胀牯牛，黑棋就可以做出两只眼。

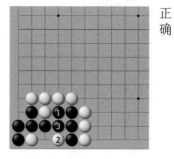

正确

图11-1 黑1做大位眼，白2打吃，黑3粘形成胀牯牛，活棋。

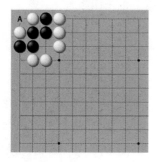

图10-2 A点是白棋的禁入点，白棋不能入子。黑棋A位提则两眼活。

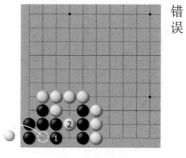

错误

图11-2 黑1提不好，白2简单一挖就破掉黑棋的眼位了。

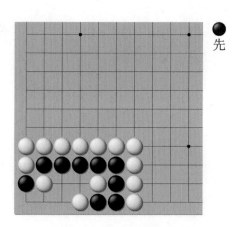

先

图 12 黑先做活

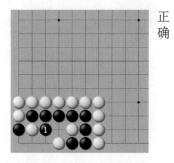

正确

图 12-1 黑 1 打吃是做活的关键一步。

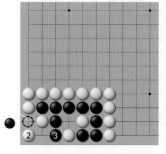

图 12-2 白 2 提，黑 3挡住，形成胀牯牛活棋。

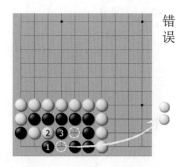

错误

图 12-3 黑 1 直接打吃无法做活，白 2 冲破眼，黑 3 提后边上是一只假眼。

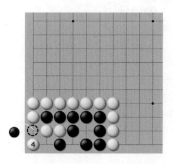

图 12-4 白 4 提黑一子连回，整块黑棋已成死棋。

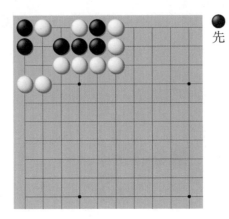

图13 黑先，如何做活？

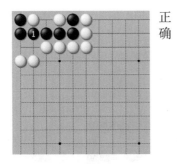

图13-1 黑1粘住形成胀牯牛，成功活棋。

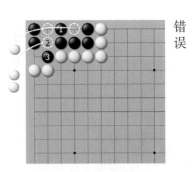

图13-2 黑1提错误，白2多送一子，可以破坏黑眼，黑3提。

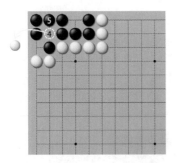

图13-3 白4扑，黑棋不能粘（粘是连不归，白棋直接提掉），只能5位提。

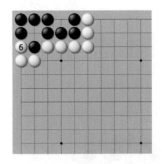

图13-4 白6打吃，黑棋成假眼，整块棋就死了。

⑤**滚打包收**

连续 用断、扑等紧气手段，再结合虚枷、打吃等包围手段达到吃掉对方的目的，这些组合着法通称**滚打包收**。例图14。

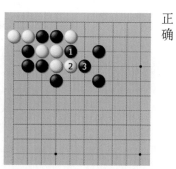

图14-1 黑1断吃，白2长，黑3是滚包的手段。

图14 如何救出被围两子？

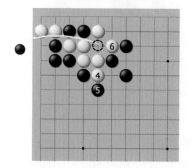

图14-2 白4长，黑5继续打吃，包围白棋，白6提。

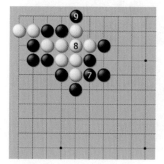

图14-3 黑7打吃，白8粘，黑9打吃，整块白棋被吃。

黑棋从1断至9打吃的组合着法就是**滚打包收**，一气呵成吃掉白棋。

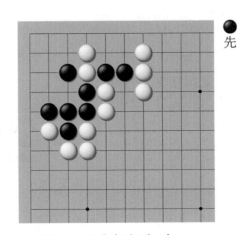

图 15 黑先如何应对？

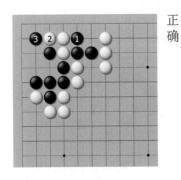

图 15-1 黑 1 挡住白两子，白 2 爬长气，黑 3 扳。

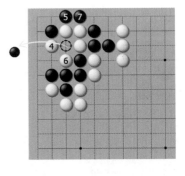

图 15-2 白 4 断吃时，黑 5、7 滚包。

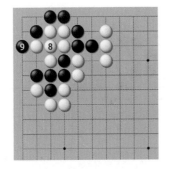

图 15-3 白 8 粘时，黑 9 直接打吃就吃掉白棋了。

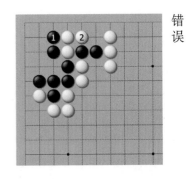

图 15-4 黑 1 直接挡角，白棋 2 位拐吃掉两个黑子。白棋也可以脱先，下在其它价值大的地方。

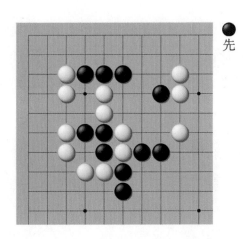

图16 黑先，怎样下是最好结果？

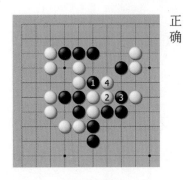

图16-1 黑1断吃，白2长，黑3打吃，白4长。

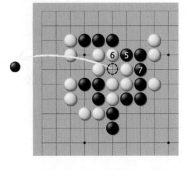

图16-2 黑5滚包，白6提，黑7继续打吃。

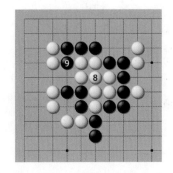

图16-3 白8粘，黑9门吃，白棋逃跑只会越死越多。

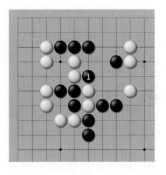

图16-4 黑1断吃时，白棋两子已被吃，白棋这里应该脱先不下了，到别处寻找价值大的棋。

⑥征吃

征子有利才可以征吃。最基本的特征是前方六条线上没有对方的棋子，例图17-1。但也会出现前边有子依旧可以征吃的情况，例图18-1，这时需要根据征吃的走向计算双方的关系。征子不利强行征吃，结果会像图19-1的白棋一样崩溃。

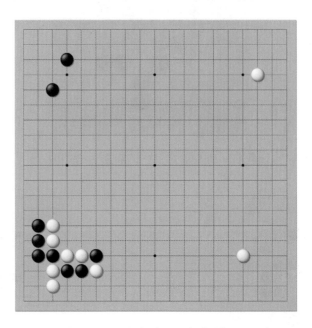

图17 黑先如何征吃白棋？

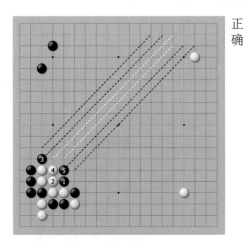

正确

图17-1 至黑5形成征吃。前方六条线没有白子，黑棋征子有利。

中间四条线有白子，白棋可直接连出，两端边线上有白子，征吃的黑棋会出现双打吃。

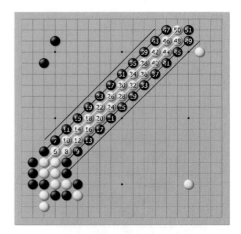

图17-2 白棋征子不利。前图黑1打吃时就应脱先，越跑越吃亏。

一般征吃到二路时，可换方向，例黑51，不影响征吃的结果。

此图为空盘计算图（只呈现在脑海中）。

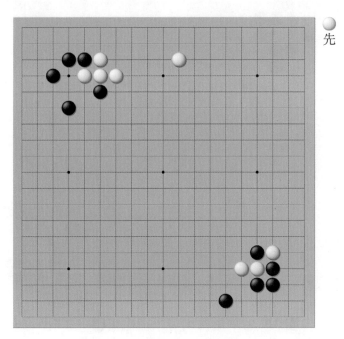

先

图 18 白棋能否征吃黑棋？

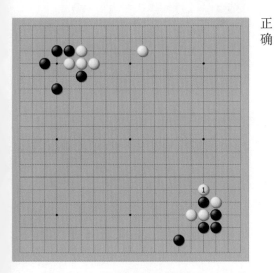

正确

图 18-1 白棋征子有利，可以征吃黑棋。

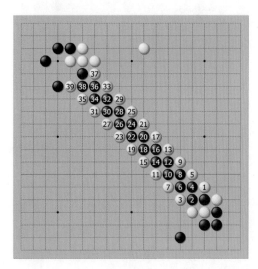

图 18-2 黑棋如果逃，至 39 打吃，黑棋全部被吃掉。因为黑棋征子不利，所以白 1 打吃时，黑棋就不能往出逃了。

先

图 19 右下角白棋可以征吃黑△一子吗？

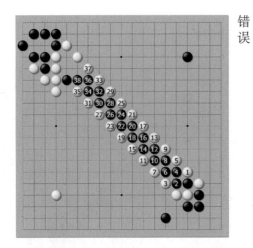

错误

图 19-1 白1征吃，至38黑棋连。白棋两边都是断点，任意一点都可被双吃，白棋征吃失败，整盘棋基本输了。

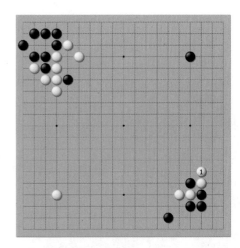

正确

图 19-2 此时白棋征子不利，所以不能征吃，白1长才是正确的下法。

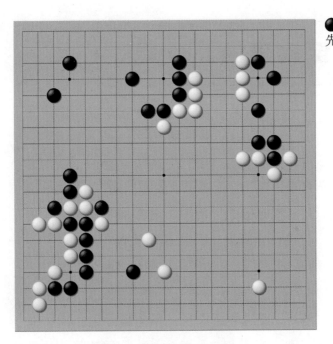

图 20 怎样征吃白棋?

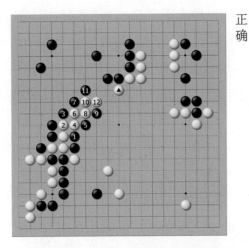

图 20-1 黑 1 打吃,白 2 长,黑 3-11 是正常的征吃手段,白 12 长看上去似乎和 ▲ 子会连上。

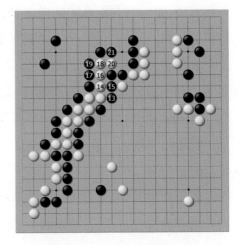

图 20-2 黑 13 继续打吃,白 14 长的时候,黑 15 改变方向,分断白棋继续征吃,黑 17、19 继续打吃还是征子,至黑 21 吃掉全部白棋。

图 20-1 黑 1 打吃时,白棋征子不利就不能再逃了。

学棋宝物里的九堂课

插线板（二）

"通常我们都会在下棋中，选择下价值最大的棋。但是也有例外，比如《围棋：零基础轻松入门 3》，收官中的先后手，就有些不同喽。"古月老师把图 8 摆在棋盘上，接着说，"现在白棋先下，在这里收官有两种下法，一种下法是后手，价值 12 目。另一种是先手，只有 7 目，你们要几目？"

"12 目。12 比 7 大。"薯条在小脑袋里一算，立刻得出结论。

栗栗秒懂。"不对，我选先手 7 目，不能落后手。"

"对！围棋中，有'弃子争先'的说法，宁可弃子，也要争先手。所以先手很重要。看起来第一种下法后手可以得 12 目，比第二种下法先手 7 目大，但是在实际的选择中，还需要看全局。如果选择第二种先手 7 目，那一定是因为下一步轮你下棋时，一定还有一个比较大的官子可以让你抢先占领，这两个先手收到的官子，比刚才的后手 12 目大。但是如果棋盘上所有的先手抢占完，还没有后手 12 目大，那么才会选择第一种后手 12 目的下法。围棋是灵活的动态图，就像六月天，说变就变。我们得学会顺势而变。"

"我还是不明白，为什么不选 12 目，而选 7 目。"薯条实在搞不懂了，明明 12 比 7 多 5 目啊。

古月老师笑着说："别急，等你学到第三册，就会知道啦。"

"思考就像电，有了插线板，就能传递电流。我们在一盘棋上的思考，不仅是广度，还要有深度，不仅要正向思考，也要逆向思考。如果我们学会了这种思考方式，以后不论做什么，都是小事儿一桩。"

"插线板传递思考，有了插线板，就有电啦。"栗栗感叹，"二姨真了不起，比我们还会玩儿呀。"

"你们二姨的课堂，总有出其不意的妙点子。她的书，也是有迹可循。"

"二姨真棒！"栗栗和薯条都觉得有这样的二姨，太骄傲了。

栗栗转念一想，又说："我又想起一个主意，二姨是插线板，古月老师是电灯，连上电后，发光照亮我们。"

薯条不甘示弱，仿写，谁不会啊。"二姨是插线板，旅行箱是灯，连上电，我们知道学棋宝物。"

"薯条的思考力真有好大提高。"

"古月老师，能拆下一个了吗？"薯条已经把第六个学棋宝物拿在手里了。

"古月老师还没拆过呢！"栗栗抓住标着数字6的小盒子，不让薯条动。

"我知道。"于是薯条就把手中的盒子递到古月老师面前，说："古月老师，您拆吧。"

古月老师用手挡住了小盒子说："不用，我用大脑拆盲盒，还是薯条来吧。"

薯条像得令一样，飞快地拆开一看……

6. 厚与薄

棋形完整、坚固，有足够眼位的活棋是**厚棋**；子力密集并且有潜力和发展的棋也是**厚棋**，又叫**厚势**。

棋形不完整，子力之间的联系松散，容易遭到攻击，这样的棋是**薄棋**。

①厚势的应用

借助厚势攻击对方，能充分发挥厚势的作用。例图1、图2。

厚势围空，**厚**的作用不能充分发挥，对方用侵消或压缩的方法，会让你的空越围越小，例图4-2。所以，**厚势不围空**。

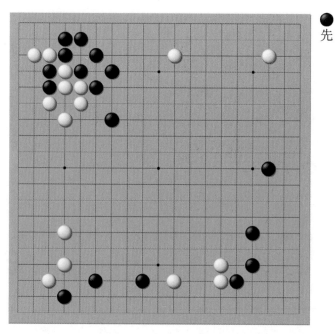

先

图1 黑棋如何发挥左上厚势的作用？

图 1-1 黑 1 打入是好棋，借厚势（背景）攻击▲一子。白 2、4 跳出后，黑 5 挂角，再 7 位封头。

黑棋借攻击把势力转换到右边。

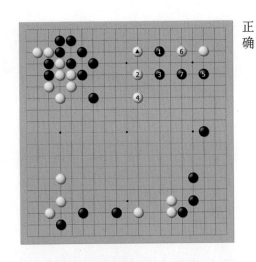

正确

图 1-2 黑 1 打入，白 2 逼，黑 3 小尖，把白棋逼向黑的厚势进行攻击，至白 20。白棋出头逃向中央，整块棋仍然是被攻状态。

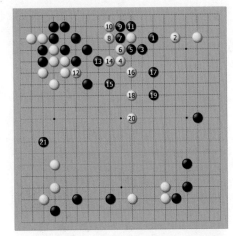

变化

图 1-3 双方的另一变化，黑棋最大限度地发挥了厚势的作用。

只有在攻击时，厚势才能发挥最大作用。

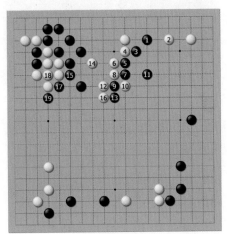

变化 2

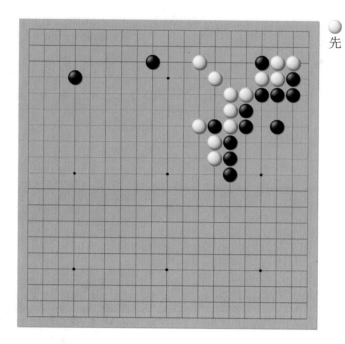

先

图 2 如何利用右边白棋的厚势?

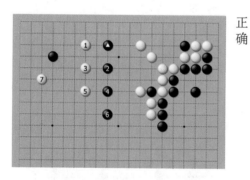

正确

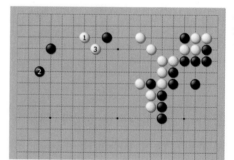

参考

图 2-1 白 1 打入,兼攻击 ●一子。黑 2 出头,白 3 继续攻击。右边的背景很厚,白 3 和 5 对黑棋的威胁非常大,黑棋 2 ～ 6 一直往外逃才能出头活棋。白 7 转身挂角,在左边取得主动。

图 2-2 白 1 打入时,黑 2 守角也是不错的选择。白 3 小尖彻底封锁吃掉黑棋一子,围成大模样。

②应对厚势

应对对方的厚势，要先保证自己的安全，再慢慢靠近对方厚势。

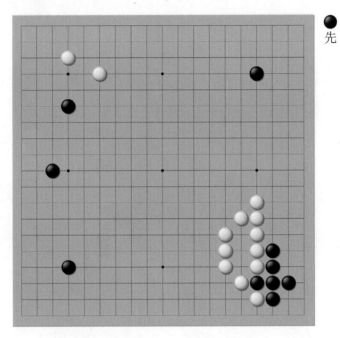

图 3 如何应对右下白棋的厚势？

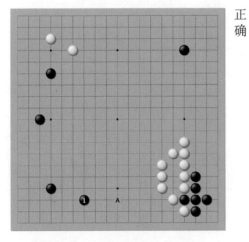

图 3-1 黑 1 大飞守角稳健，以后还可以在 A 位拆二。

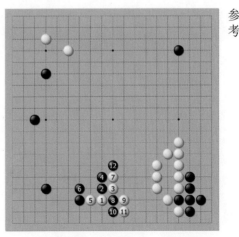

图 3-2 在黑棋 2～12 的压迫下，白棋的棋形越来越重复。

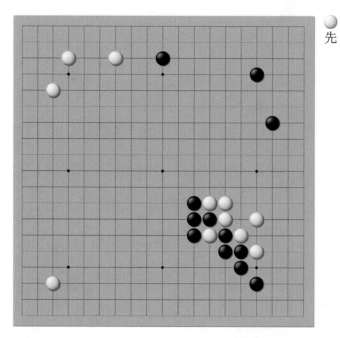

图4 下边的大场，白棋如何靠近黑方厚势？

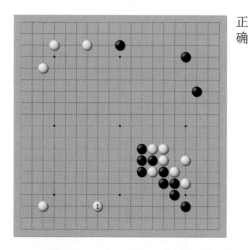

图4-1 白1拆，慢慢靠近黑棋的厚势是合适的方法。

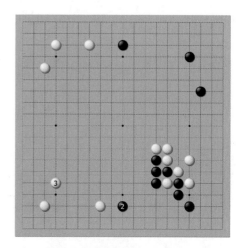

图4-2 黑棋2位逼，白3位小飞守角好棋。白棋的棋形效率高，黑棋厚势围空则显得局促。

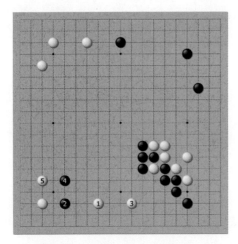

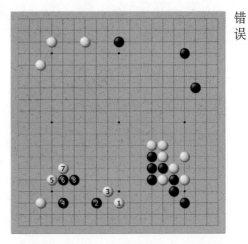

图4-3 白1拆，黑2打入，白3拆二先保证自己的安全，黑棋的厚势的威力几乎没有了。

图4-4 白1拆得太大（靠近黑棋的厚势），黑2打入反击，至黑8，白棋两边不能兼顾。

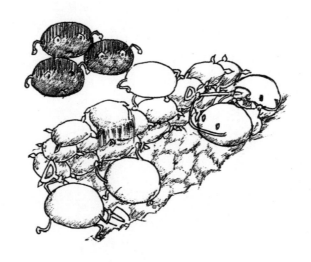

学棋宝物里的九堂课

爆米花（一）

薯条儿打开标着数字 6 的盒子，里边居然是：

爆米花！

需要微波炉"叮"一下的便携式爆米花。

"二姨真是越来越离谱了。居然搞出一袋儿爆米花。哎呀，不管是什么，你们先想吧，我是想不出来了。我的脑子不够用了，爆米花没爆，我先爆了。"栗栗满口吐槽，瘫在椅子上，一点儿也不想动。

正在这时，手机收到一条信息：今天的作业……

"又是卷子，真烦人。"栗栗连看也不想看一眼。

栗栗有些情绪低落："哎，为什么我们要上学啊！每天都是卷子！卷子！"

薯条也附和："我也不喜欢上学，每天都要学认字。"

"我巴不得自己还是一名学生呢，当学生多好啊！"古月老师耸耸肩，一脸羡慕的样子。

"啊，为什么啊？"

可古月老师并没有回答这个问题，而是话锋一转，"前几天薯条借给我一本《为什么要上学》这本书，你们看完了吗？看完之后，有没有想想我们为什么要上学？能不能不上？学校到底在哪里……"

薯条还没等古月老师说完，就着急地回答自己会的问题，"我看完啦，必须上学，而且学校就是在马路斜对面，我和姐姐一个学校，是 T 实验小学……"

"什么呀，还是我来说。"栗栗略微坐起来了点，调整好姿势才说，"这本书我看过，好像在原始社会是没有学校的，也不用去上学，后来寺庙成了学校，还有私塾，一直到了 19 世纪以后，才有了像工厂一样的学校。你看吧，我们现在就在工厂加班！还不给钱。"

栗栗的话惹得古月老师大笑："从我的经验看，你可是在收获比钱还有价值的东西呀。”

“什么？”两个人同时问。

“智慧。”

“哎！还有无尽的作业。”栗栗仰天长叹。

“我们就没有作业。”薯条有些得意。

“哼，你别高兴得太早。”

古月老师按住了为作业而争论的姐弟俩，说："在学校学习，是学习的一种方式，在家上网课，也同样是一种学习方式，在棋社，在这间书房里，只要发生学习的行为，就是在学习。"

“我们现在也在学习吗？”薯条不理解。

“对呀，游戏本身也是一种学习。关键是在游戏中是否有思考。”古月老师肯定地回答到。

“这样的学习我喜欢，还有爆米花，要不我们边吃边想吧。”薯条突发奇想。

栗栗脸上大写的无语。"问题还没有解决，你就想把问题吃掉。你除了会吃和玩儿，还会干什么？"

“我倒觉得这是一个不错的解决方法。”古月老师想了想，就把桌上的爆米花递给栗栗，帮个忙吧。

“什么？这个方法很好？”栗栗完全搞不懂到底要做什么？不过还是拿起爆米花起身准备去厨房。

不一会儿，厨房里就飘来阵阵香味，惹人馋。

刚才姐姐一句话给了启发，古月老师和薯条说："问题本身就是解决方法。解决问题有许多方法，就像棋子在棋盘上有很多种下法，我们会选择那个最优解。"

只是薯条根本听不懂，只想着吃爆米花。

爆米花来喽……

“哇，多味爆米花。”薯条太兴奋了，挑了一个绿色的放到嘴里，是苹果味。栗栗也吃了一颗粉色的爆米花，是草莓味。而古月老师选择的是橙子的味道。

“姐姐，这是你喜欢的草莓味。”薯条专门挑出来五六个草莓味的爆米花，放在姐姐手里。栗栗也答应下次带弟弟一起出去玩儿。

大家边吃边想着爆米花究竟是什么学棋宝物。

7. 对杀

对杀就是比气，比谁的气更长。对杀前，要先了解一些对杀的常识：

a. 下在对紧气有用的地方。

b. 有公气的对杀要先紧外气（或内气），最后紧公气。

c. 要下延长自己气（或缩短对方气）的要点，这种效率高的棋又叫"手筋"。

d. 有眼和无眼对杀时，有眼方的气 = 外气 + 内气 + 公气，无眼方的气 = 外气 + 内气。

e. 大眼和普通眼（或更小的大眼）对杀时，公气属于优势方，公式同上。

f. 被围住的以下形状，在对杀时的气数（大眼的内气）。

形状	内气数
直三、弯三	3气
丁四、方四	5气
刀五、花五	8气
花六	12气

①直接紧气

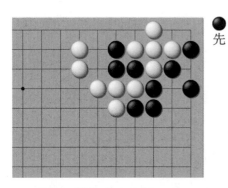

图1 黑先如何紧气？

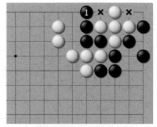

图1-1 黑1立下，这样收气双方各有3气，黑棋先下，对杀胜。

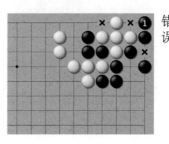

图1-2 黑棋从另一边收气，白棋有4气,黑棋有3气,黑棋被杀。

②延长自己的气

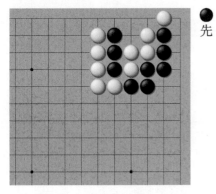

图2 如何对杀胜?

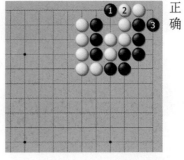

正确

图 2－1

黑1小尖是紧气要点,白2粘,黑3立下,白即被杀。

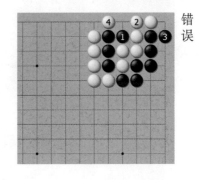

错误

图 2－2

黑棋不论下什么都不能救活自己。

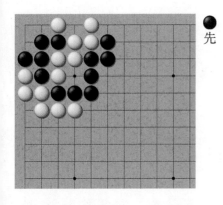

图3 黑棋如何才能吃掉白棋?

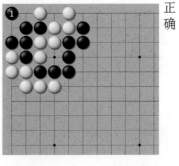

正确

图 3－1

黑1做眼,形成"**有眼杀无眼**"的棋形。对杀时有眼的一方更有利。

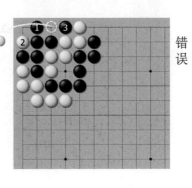

错误

图 3－2

黑1挡撞气,白2扑,整块棋形成打劫。

③缩短对方的气

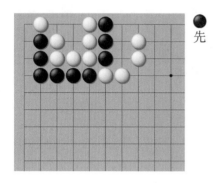

图4 白棋有一只眼，黑棋如何紧气才能吃掉白棋?

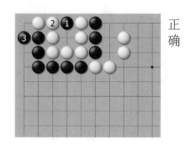

正确

图4-1 黑1点眼正确，白2只能粘,这时黑3紧气，就可以吃掉白棋。

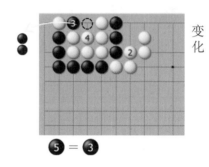

变化

5 = **3**

图4-2 黑1点时，白2直接紧气，则黑3扑，白4提，黑5再扑，白棋被杀。

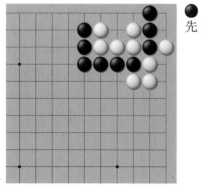

图5 对杀如何紧气?

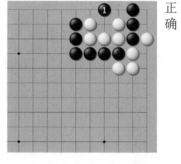

正确

图5-1 黑1点是紧气的要点。以后白棋无论如何应对，都因为气短而被杀。

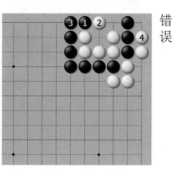

错误

图5-2 黑1扳不好，被白2挡住做眼，4位紧气，黑棋反被杀。

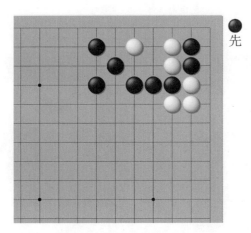

图 6 如何对杀胜？

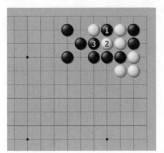

图 6-1 黑1挖，送白一子是紧气的好棋。白2打吃，黑3断打。

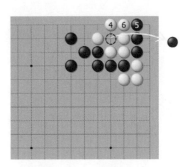

图 6-2 白4提，黑5先立下，紧气次序正确，白6团做眼。

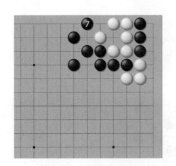

图 6-3 黑7小尖紧气，就吃掉白棋。

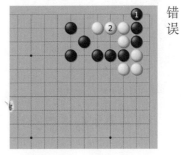

图6-4 黑1先立不好。白2粘是长气的好棋，白棋因气长对杀胜。

④对杀手筋

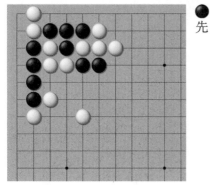

图7 如何对杀胜?

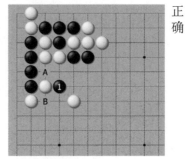
正确

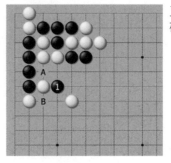
错误

图 7 – 1
黑1夹是手筋。A、B两点必得其一。黑棋吃掉白三子,三块黑棋都连好了。

图 7 – 2
黑如果简单地冲吃,至黑9提,上边黑棋全部死掉。

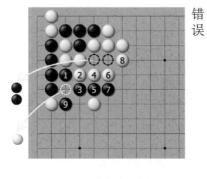

图8 黑先,有对杀胜的手段吗?

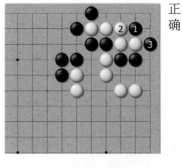
正确

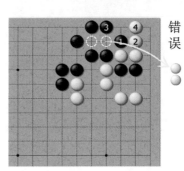
错误

图 8 – 1
黑1夹是紧气的要点,白2粘,黑3渡过,对杀黑棋胜。

图 8 – 2
黑1打吃错误,白2反打,黑3提,白4位立下,白棋气长,对杀胜。

⑤大眼的对杀

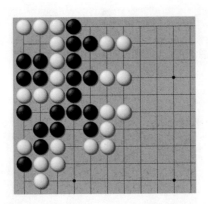

图9 大眼对杀，双方各有几气？

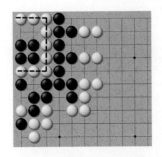

图9-1 标识内是白棋的大眼。板六的气数可参照花六（内气数相同），有12气。

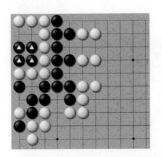

图9-2 减掉黑棋已紧的▲4气，白棋内气有8气（12-4）。

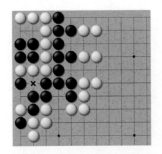

图9-3公气x是有眼方白棋的气。白棋共有9气（1＋8）。

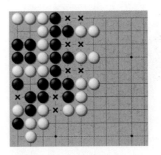

图9-4黑棋有9口外气。

图9黑白双方都是9气，对杀结果取决于谁先下，谁对杀胜。

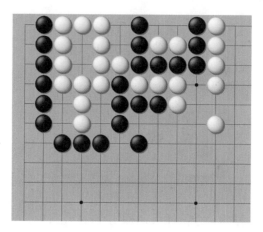

图 10　黑、白棋各有几口气？

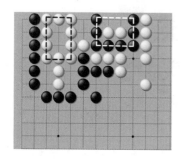

图 10-1　黑棋的方四和白棋的直二都是大眼。公气属于眼更大的黑棋。

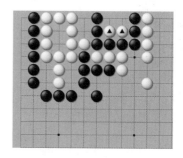

图 10-2　黑棋方四内白棋已经紧了 ▲ 2气，黑棋的内气是 3气（5-2）。

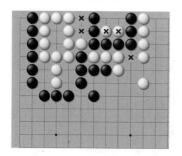

图 10-3　黑棋共有 6气：（内气 3 ＋外气 1 ＋公气 2）

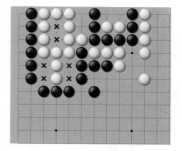

图 10-4　白棋共有 6气：（内气 2 ＋外气 4）。

图 10 黑白双方各有 6气，气数相同，先下的对杀胜。

学棋宝物里的九堂课

爆米花（二）

薯条用大拇指和食指夹住一颗爆米花，仔细观察爆米花的外形，自言自语说到："爆米花，圆圆的，像棋子。爆米花是玉米变的，有着不同的味道……"

突然，古月老师像被点亮了似的，她脱口而出：变化！是变化。

"什么变化？"

古月老师把手中的爆米花放在嘴里，然后说："你们看这袋爆米花，刚开始是一个个玉米粒，现在变成了一颗颗爆米花，是不是变化？"

"是哎！"

"再来看，这袋爆米花虽然在一个袋子里，但却有着不同的味道。就像围棋中，每一步棋是上一步棋的变化，而这步棋又蕴含着更多的变化。围棋不就在这样的变化中，围到更多的地盘嘛。"

"哎呀。"姐弟俩对古月老师的解释，真的是惊讶得好像只会点头说"真的哎"！

"还有，"古月老师拿过已经吃掉一半儿爆米花的袋子，从里边挑出三种不同样子的爆米花。一种是全爆开的，一种是半爆开的，还有一种依旧是一颗玉米粒儿，只是稍微有些裂了缝。她接着说："你们会吃哪种爆米花？"

薯条指着完全爆开的爆米花说："当然是这个呀。"说完，往嘴里又放了一个。

"就是，不爆开的根本咬不动。"栗栗也附和薯条的话。

"没错，我也会选择吃爆开的爆米花。这就像棋盘上棋子的变化，爆开的一定是一步好棋，你走的每一步，对方必须要应，你总是占先手；而半爆开的爆米花，就是棋盘上价值不大的棋，对方在没有更好的点时，也许会应你，但是有更好的点，就完全不理会你的棋。剩下没有爆开的爆米花，就是你这手棋下在棋盘上时，对方置之不理，你拱手把机会让给了对方。怎么样？我这个想法如何？知道智慧的力量了吧。"古月老师说得认真。

"哇，古月老师，太厉害了！"栗栗佩服得不得了，薯条也鼓起掌来。

还有三个宝盒，我们明天继续吧。

8. 弃子

故意让对方吃掉一些棋叫弃子。弃子是为了获得更大的利益。

通过弃子达到弃子整形（整理棋形）、弃子争先（争得先手抢占大点）、弃子取势（取得外边的势力）等目的。不论是哪种情况，选择弃子，一定是对自己大局更有利。

①普通弃子

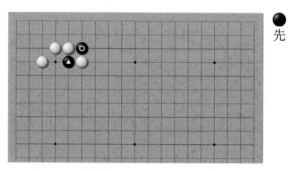

图1 黑棋被断开，该放弃哪个子？

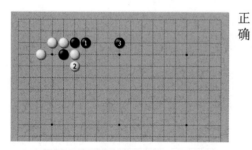

图1-1 黑1长选择边线一子。白2长控制左边黑子，黑3拆二上边黑棋就安全了。

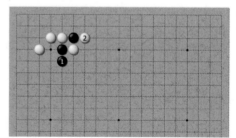

图1-2 黑1选择长出中央一子。白2吃掉边上黑子，中央黑棋两子依然是孤子，黑棋选择有问题。

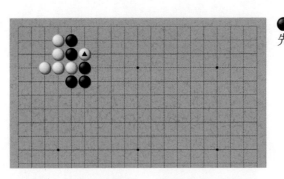

图2 ▲切断黑棋，黑棋如何应对？

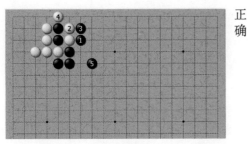

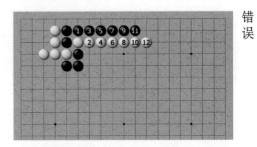

图2-1 黑1打吃，弃掉黑两子，至黑5，黑棋形厚实，被吃的黑棋两子很小。

图2-2 黑1若强行长出两子，至黑11爬活，局面形势大差。

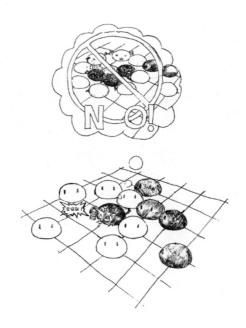

②多弃一子的长气法

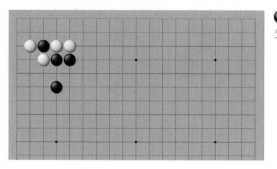

先

图 3 如何应用弃子的下法处理好棋形？

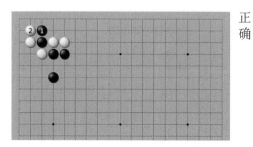

正确

图 3-1　黑 1 长，黑棋从一口气变成两口气，可以借力的地方也增加了。

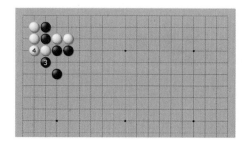

图 3-2　黑 3 先打吃，处理好左边。

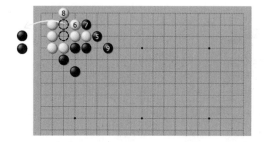

图 3-3　黑 5 扳，再 7 位打吃，最后 9 位虎补好断点。

　　黑棋通过长气弃子整理好棋形。

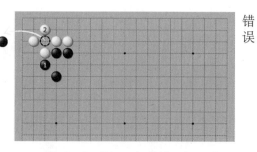

错误

图 3-4　黑 1 直接打吃，白 2 提后，黑棋已无法扳住另一边。可以和图 3-3 的结果进行对比。

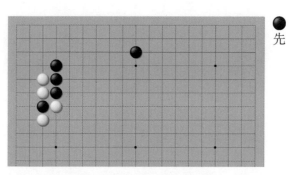

先

图4 左边黑棋如何弃子整形?

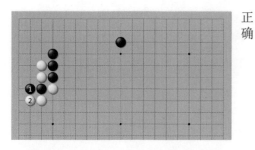

正确

图4-1 黑1先长气,再弃子,借用更多。

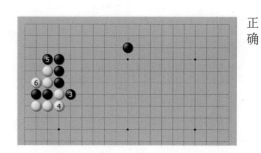

正确

图4-2 黑3先手打吃后再5拐,先手整形。

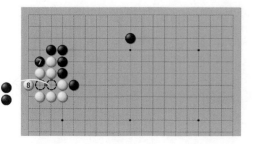

图4-3 黑7打吃,白8提,黑棋成功弃子整形。

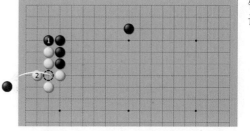

错误

图4-4 黑1直接挡角,白2提掉。和图4-3相比,黑棋打吃不到上面,中央的棋势差了许多。

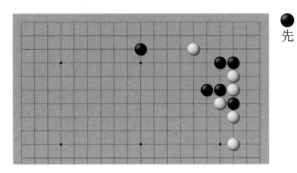

先

图5 黑先，如何使用弃子的手段。

正确

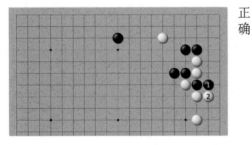

图 5-1 黑 1 先长气，白 2 挡。

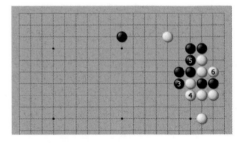

图 5-2 黑 3 打吃，白 4 粘，黑 5 粘先手补断，白 6 吃住黑二子。

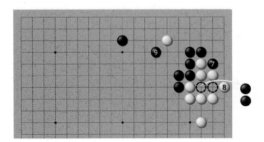

图 5-3 黑再 7 位打吃，白 8 提，黑 9 罩吃白棋一子，黑棋先手弃子整形成功。

错误

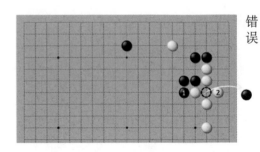

图 5-4 黑 1 打吃，白 2 提掉，黑棋还有断点没有补好，无法一举击溃白棋。

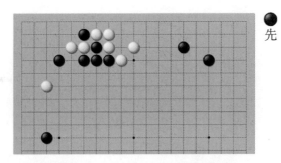

先

图6 黑先，如何处理左上角？

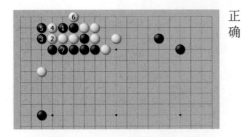

正确

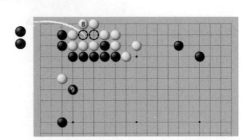

图6-1 黑1先爬，多弃一子。白2长，黑3再扳住收气，黑5、7裹紧白棋，黑已先手补好外围。

图6-2 白8提，黑9飞罩住白子，左边的黑地非常大。

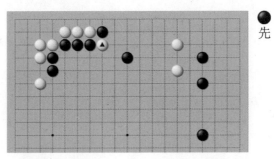

先

图7 白棋▲断，黑棋如何应对？

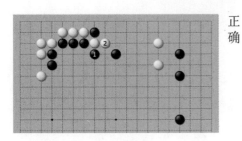

正确

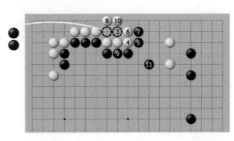

图7-1 黑1打吃，白2长，形成和图6相同的棋形。

图7-2 黑3爬长气，为弃子做准备。黑5～9先手裹紧白棋，再11补断。黑棋通过弃子整理好棋形，还可攻击右边白棋。

③弃子实战应用

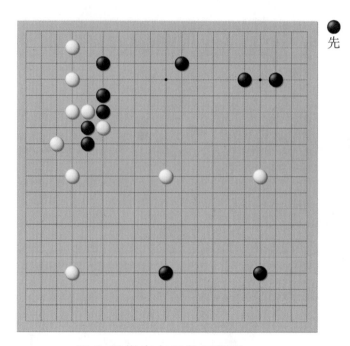

先

图 8 黑棋有弃子的好棋吗？

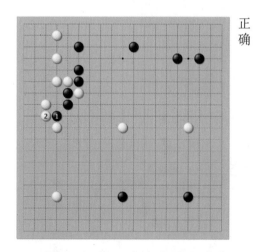

正确

图 8-1 黑 1 小尖先手，为弃
子做准备。

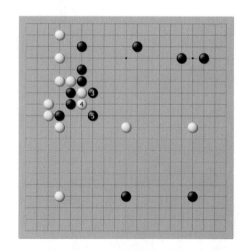

图 8-2 黑 3 打吃，黑 5 虚枷
是弃子的好棋。

图 8-3 白 6 长出，黑 7 扳，黑 9 打吃继续滚包白棋。

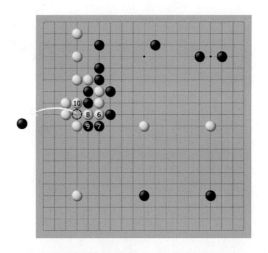

图 8-4 黑 11 打吃，先手补好外围，黑 13 飞是兼顾中央的补断好棋。

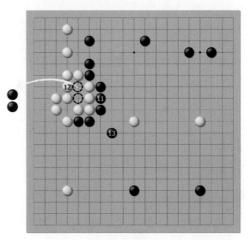

图 8-5 白 1 断不好，虽然吃掉黑棋两子，外围却付出了更大的代价，黑棋又一次弃子得利。

白 1 位断吃两子是吃亏的，所以白棋不会断。

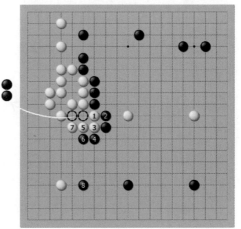

参考

学棋宝物里的九堂课

五角钱硬币（一）

古月老师今天没课。用了一些时间记录这两天的故事，每次在记录时，古月老师都觉得用心做好一件事情，一定不止于技。

老子说：一生二，二生三，三生万物。薯条的二姨，让围棋与万物连接，更加凸显围棋的魅力。

差不多到了4点30分，古月老师合起笔记本，起身去栗栗家。

栗栗还没下课，薯条在一旁安静地读着《这就是化学》，古月老师也从旁边的书架里取了一本《创意，就是没有标准答案》一页一页读起来。

差不多十几分钟后，栗栗下了网课，大家这才又围坐在旅行箱前，准备打开第七件宝物。

薯条早就把标有数字7的盒子拿了出来，只有火柴盒那么小。打开盒子，里面是一枚五角钱的硬币。

"价值？"薯条立刻想起来之前的红包，脱口而出。

栗栗笑弟弟："怎么可能，人不能两次踏进同一条河流，你懂不懂？"

这次轮到古月老师惊讶了："你还记得？"

"那当然，您在围棋·思辨课上讲过呀，我可是认真思考过的。"栗栗俏皮地眨了眨眼睛。

薯条见大家都不理他，也不懂栗栗的那句话是什么意思，大喊："太难了，我不玩儿了。"

栗栗虽知道这个肯定不是价值，但是什么呢，她也不知道。大脑像在一间房子里找不到门儿。"真烦，二姨做的东西越来越难了，就不能简单点吗？"

古月老师看出大家的情绪似乎有些不愉快，提议说："要不我们到楼下小区里散散步吧。"

栗栗不想去，但薯条要去，古月老师说："就用这枚硬币决定是否要出门。

正面不出门，背面就出门。一局定胜负。"

硬币被抛到空中，掉落在古月老师的手中，展开时正面朝上。

"唉！我愿赌服输！"栗栗起身准备往外走，薯条却早已冲到了书房门口。

下楼前，薯条妈妈邀请古月老师今晚一起吃火锅。

古月老师答应了。

电梯里，栗栗还在想为什么是硬币，到底是什么意思？

古月老师说："别想了，放松一下。你现在坐在电梯里想问题，就像思维在笼子里，很难想出来的。"

薯条一听来了精神，"难道我们都是囚犯了吗？"

古月老师解释："这是指我们的思维很容易陷入一种僵局当中，有一定的局限，走不出来就像囚犯被困住了一样，但……"

这时电梯到了 1 楼，门缓缓打开。古月老师接着刚才没说完的话说："但只要牢笼被打开，就是一片新天地。"

三个人来到楼下的一片小草坪，沿着小路走走，户外的空气吹醒了大脑。栗栗伸了伸胳膊说："出来真好！"薯条围着古月老师一会儿跑远，一会儿又跑近。

古月老师和姐弟俩走了小半圈，谁也没有再说关于硬币的事情，好像下来真的是散步似的。

直到走到条凳前。栗栗这才又想起来说："古月老师，您说这个硬币会不会是输赢的意思呢？"

"啊！看来咱们都从笼子里逃出来啦。"古月老师拍手称道，"没错，我也是这么想的。"

跑远的薯条似乎嗅到了什么，赶紧跑回来问："什么？你们刚才在说什么？"

9. 打劫

当劫的价值足够大时，双方才会打劫。争劫的最终目的是获得利益，所以要知道劫的大小，再学会如何做劫，就可以在下棋的时候去打劫了。

①比较 A、B 两个劫的大小

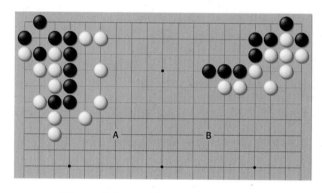

图 1 图中 A 和 B 哪个劫更大？

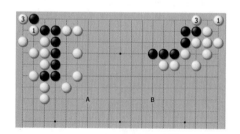

图 1-1 白棋打劫胜。A 劫吃掉整块黑棋，B 劫吃两颗黑子。

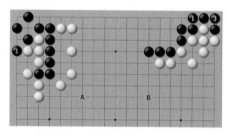

图 1-2 黑棋打劫胜。A 劫做活黑棋，还打吃白 4 子；B 劫下了两手棋，连回一颗子。

图 1 的 A 劫大于劫 B。

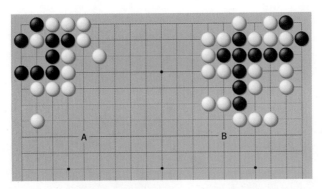

图 2 A、B 都是关系到生死的大劫，哪个劫更大？

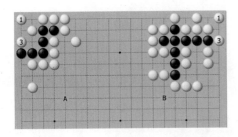

图 2-1 白打赢 A 劫可以吃掉角上一块黑棋。打赢 B 劫吃掉一大块黑棋。

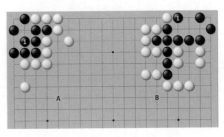

图 2-2 黑先消劫（黑劫胜），A 和 B 都是黑棋活。

图 2 中，B 的这块黑棋价值大于 A 的黑棋。无论哪方劫胜，都是 B 劫大于 A 劫。

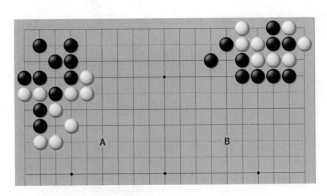

图 3 比较图中 A 劫和 B 劫的大小

A 劫关系到相互断开的两颗黑子和两颗白子的死活，B 劫关系到白棋角上一块棋的死活，B 劫比 A 劫大。

②学会做劫

实战中，打劫可以让自己绝处逢生，也可以致对方于死地，所以要学会做劫。

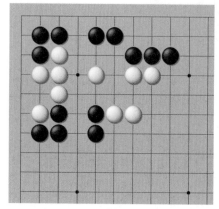

先

图4 白棋的连接有问题，黑棋如何用打劫的手段切断白棋？

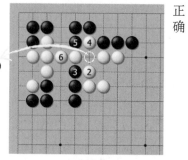

正确

图 4-1
黑1挖是做劫的要点，之后3断，5打吃，白6接。

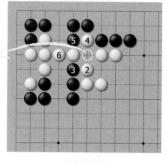

图 4-2
黑7提形成打劫，这个劫是白棋的生死劫。

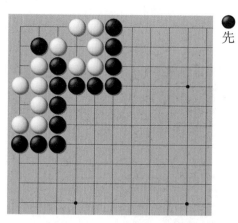

先

图5 角上的黑棋看似孤子，没有什么用处，其实黑可以利用角的特殊性做成劫杀。

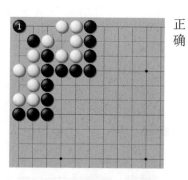

正确

图 5-1
黑1小尖很妙。

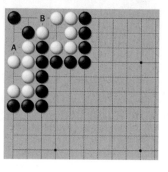

图5-2 以后黑棋随时扑A或B，都可以成劫。这个劫是白棋的生死大劫。

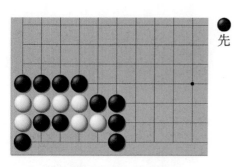

先

图 6 黑先如何做劫？

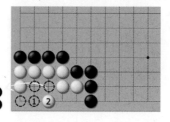

正确

图 6-1 黑 1 做劫，角上成劫杀。

错误

图 6-2 黑 1 粘不好，白 2 提掉是弯四的活形。

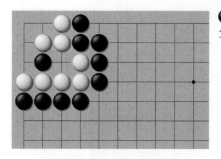

先

图 7 黑先如何做劫？

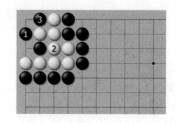

图 7-1 黑 1 扳，白 2 打吃，黑3扑形成劫杀。黑棋没有其它下法。

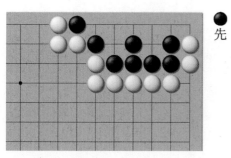

先

图 8 黑先怎样做活？

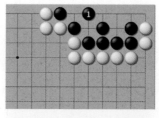

正确

图 8-1 黑 1 直接做眼，形成打劫活。（黑棋有做活的可能）

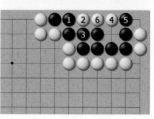

错误

图 8-2 黑 1 粘不好。白 2 打吃后再 4 位点，至白 6，黑是直三的死形。

③打劫的实战应用

在实战打劫前，需要知道一些常识：

a 打对自己有利的劫；

b 劫材数量比对方多才可以打赢劫；

c 劫材的价值足够大，对方才会应劫；

d 没有劫材时，要先制造劫材，再开劫；

e 遇劫先提（先提劫可以让对方多找一个劫材）。

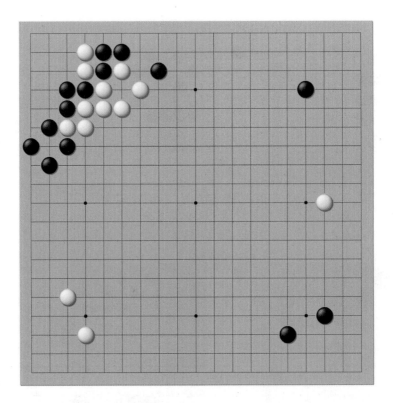

图 9 这个局面白棋在哪里有突破口？

正确

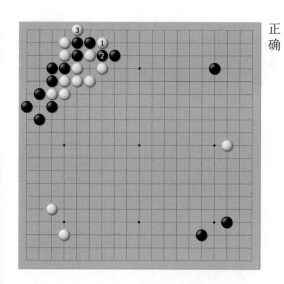

图 9-1 白 1 扳，黑 2 断，白 3 打吃开劫。

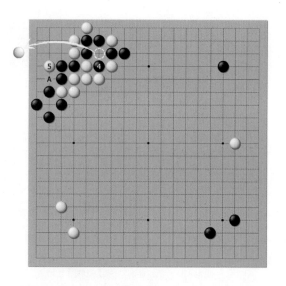

图 9-2 黑 4 遇劫先提，白 5 找劫材（A 位断也是劫材，但 5 的位置对白棋更有利，参看下图）。

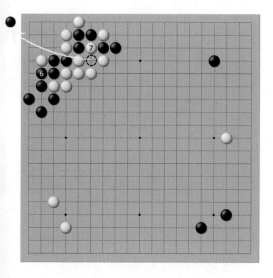

图 9-3 黑 6 粘，白 7 提劫，黑棋已经没有合适的劫材。

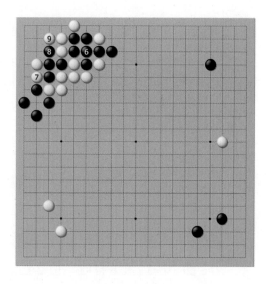

图 9-4 黑 6 粘消劫，白 7 断吃黑 3 子（黑 8 长没有意义），局面白棋优势。

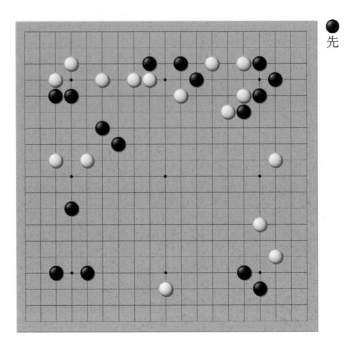

图 10 上边黑棋三子遭到攻击，如何脱困呢？

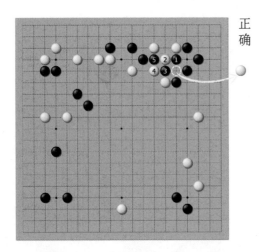

图 10-1 黑 1 打吃，白 2 挡，黑 3 提后再 5 断，形成劫争。

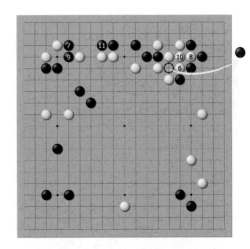

图 10-2 白 6 提劫，黑 7 靠下找劫材，白 8 再提消劫，黑 9 连好，白 10 粘价值很大，黑 11 爬回。黑棋在右上角还有余味，形势不错。

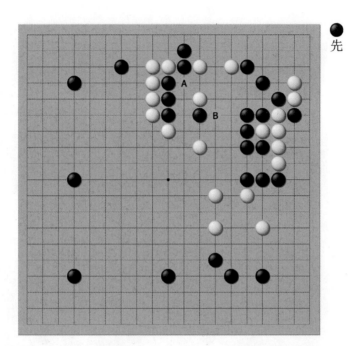

图 11 白棋有 A 断和 B 扳的手段，黑棋如何处理？

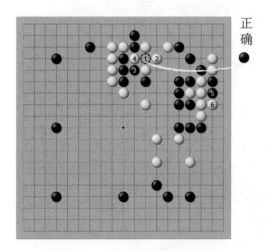

图 11-1 黑 1 挖、3 打吃做劫，白 4 提劫，5 爬找劫材，白 6 应劫。

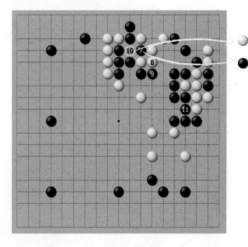

图 11-2 黑 7 提劫，白 8 粘，黑 9 连回。白 10 提劫，黑 11 继续找劫材，这个劫材还是很大，黑棋这时无论吃掉哪边，都是有利的局面。

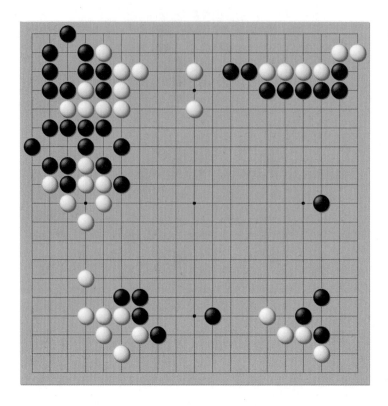

先

图 12 黑棋全局厚实，如何能一举获得优势呢？

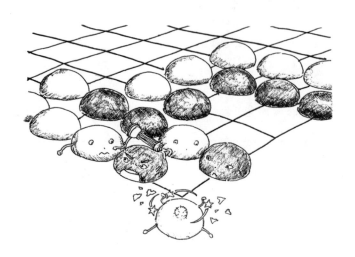

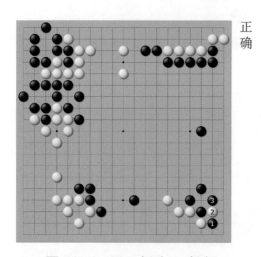

正确

图 12-1 黑 1 扳白 2 断打，黑 3 打吃做劫。

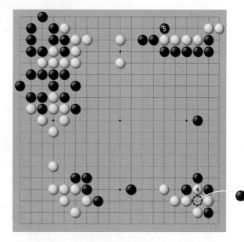

图 12-2 白 4 提劫，黑 5 扳，找劫材。

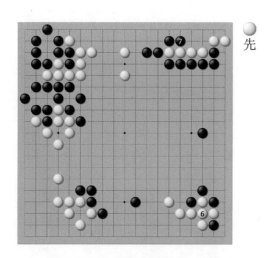

先

图 12-3 白 6 粘消劫。黑 7 吃掉右上角。

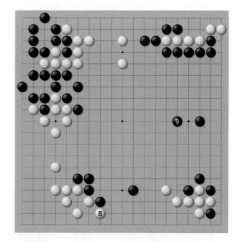

图 12-4 白 8 位扳，黑 9 位跳，局面黑好。

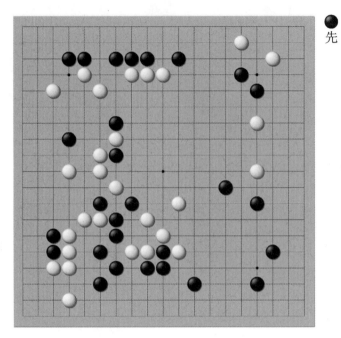

先

图 13 左边是白棋最大的地盘，黑棋能否在白空里下出棋？

正确

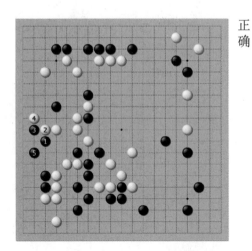

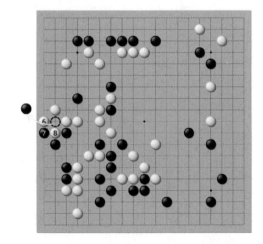

图 13-1 黑 1 拆，借助下边两个黑子形成根据地。黑 3 扳扩大眼位，黑 5 虎是眼形要点（准备做眼）。

图 13-2 白 6 打吃，黑 7 挡做劫，白 8 提劫。

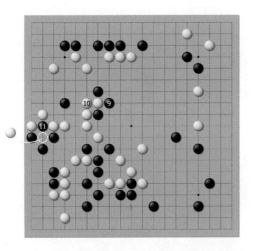

图 13-3 黑 9 打吃找劫材，白应劫 10 位粘，黑 11 提劫。

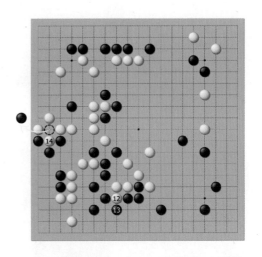

图 13-3 白 12 冲找劫，黑应劫 13 位挡，白 14 提劫。

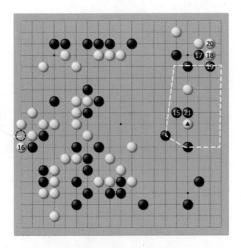

图 13-4 黑 15 找劫材（分断 ▲ 子），白 16 提消劫。黑 17、19 先手挡住右上白棋，白 18、20 做活，黑 21 冲下。获得了标识内的大块地盘。

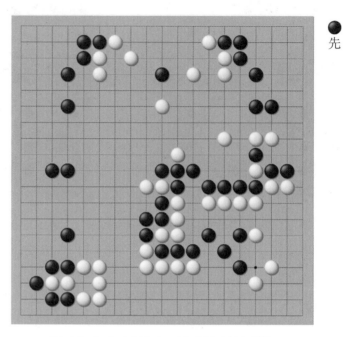

先

图 14 如何解救右下角被围的黑棋？

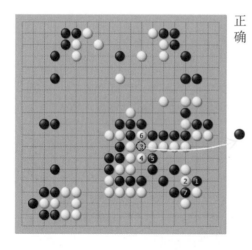

正确

图 14-1 黑 1 靠准备劫材，黑 3 挖和 5 断做劫，白 6 提劫后，黑 7 断找劫材。

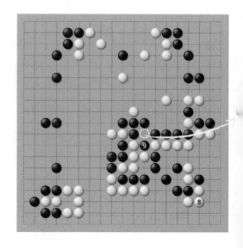

图 14-2 白 8 粘，黑 9 提劫，白棋没有特别大的劫材，所以黑棋就能打赢这个劫。

中盘阶段变化繁多，几乎没有常型，因此很难归纳和总结中盘作战的规律。但只要住抓**攻防**和**价值大小**这两个关键，多下棋，局后多反思和总结，很快就能提高中盘的水平。

下面是学生的对局，进行到了中盘阶段。让我们看看中盘应该在哪里下棋？如何思考？思考些什么？

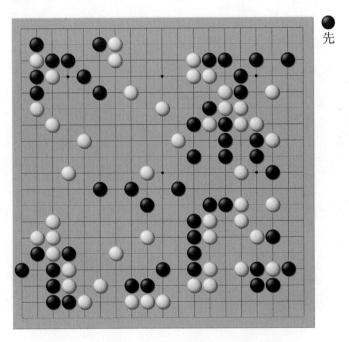

图 1 中盘阶段，黑棋如何在中央行棋？

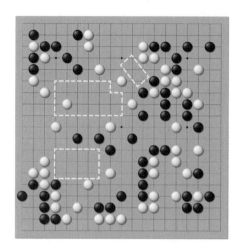

图 1-1 中盘形势错综复杂，首先得确定哪些地方是需要下棋的地方，图中标示的几个区域是中央较为宽阔的地方，也是首选行棋的地方。

图 1-2 黑 1 飞，压缩白棋地盘，白 2 挡，黑 3 顶，5 虎，至白 6 顶，黑棋获得先手。

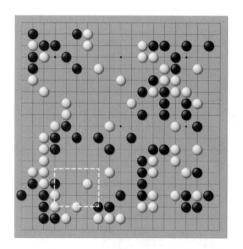

图 1-3 图中所标示的地方也有手段，试试看能不能找到？

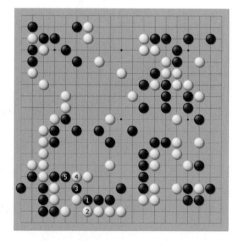

图 1-4 黑 1 顶，白 2 挡时，黑 3 扳是棋形的要点，白 4 时，黑 5 顶，下边有倒扑吃，上边有分断白棋的手段。

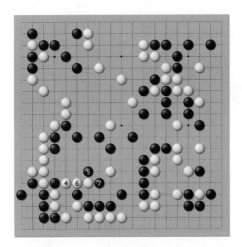

图1-5 前图黑棋3扳时，白4打吃，黑5靠是手筋，白6粘时，黑7扳分断白棋一子，黑棋获利很大。

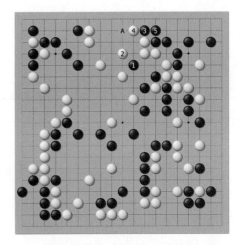

图1-6 黑棋也有1位小飞压缩白地的手段，白2跳，黑3扳、5粘，如果白棋现在不补棋，黑有A位夹进入白空的手段。

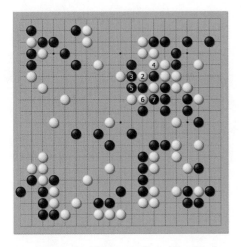

图1-7 黑1飞时，白2打吃，则黑3反打，白4提掉，黑5粘，至黑7断形成打劫，这个劫白重黑轻，所以黑棋不怕打劫。

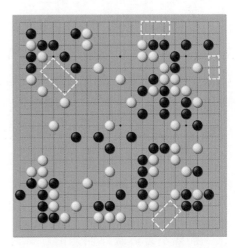

图1-8 前面几处中盘较大的地方下完以后，接着就要进入官子阶段了，图中标示的就是几处较大的官子。

　　每一盘棋的中盘棋形都大不相同，要想提高中盘作战能力，不仅要做一些死活、断和连接等习题，以提高自身的局部计算；也要在下棋时不断尝试各种下法，并在局后分析、反思和总结，以增强实战应用能力。做到以上几点，中盘作战的认识和能力都会得到提高。

学棋宝物里的九堂课

五毛钱硬币（二）

栗栗没有直接告诉他，而是说："抛硬币，正面告诉你，背面就不告诉你。"薯条很愉快地点点头。硬币再次被抛起来，掉在地上，是正面。

"正面，正面，告诉我。"薯条开心地捡起硬币。

栗栗狡黠一笑："你已经知道答案，还要我告诉你什么？明知故问。"

薯条被说懵了，"你骗人，你说我赢了就告诉我的。"

"对啊，我告诉你啦，你赢了！"

"那你告诉我啊，你们说了什么？"

"你！赢！了！"栗栗又重复地说了一遍。

薯条生气地推了栗栗一把，栗栗倒退了一步。栗栗也瞬间生气了，挥起胳膊就要揍一顿薯条，结果被古月老师拦下来。

薯条气呼呼地站在一边，小拳头攥得紧紧的。

古月老师站在他们两个中间，生怕再打起来。"你们两个谁都不许再动手。在动手这件事情上两个人都输了，难道你们下棋输了也要打一架吗？"

"是薯条先动手的。"

"栗栗不告诉我你们说的什么。"

"我说了。"

"停！"古月老师再次阻止两个人的动手模式。"现在各自冷静 10 分钟，10 分钟以后互相道歉。如果能做到，我们继续解答刚才的硬币问题，如果不行那就改天再聚，你们选择。"

栗栗和薯条，两个人虽然不开心，但还是选择了第一种解决方法。

三个人坐在木条凳上，古月老师这才说关于硬币的事情。

"一枚硬币有正反两面代表着一盘棋的赢与输。围棋当中很少出现和棋，当你和对方下棋时，必然会有一方赢，也必然会有一方输。一般来说，当你和与你同级，或水平差不多的同学下棋时，你们双方各有 50% 赢的机会。就像一枚硬币，抛在空中 100 次，几乎正面 50 次，背面 50 次，这个称之为概率，几乎是相同的概率。这其中会有一种情况，有一段时间总是赢，有一段时间总是输。但是只要下得多，这个阶段就会很快跨越过去。另外，下棋一定有赢就会有输，赢了谁都开心，那么输了呢？如何处理情绪？既能抒发出来，不憋在心里，又不伤害到别人？比如刚才那件小事儿，我相信你们处理问题的能力。"

栗栗知道自己错了，先反思自己的问题："刚才是我没有说清楚，对不起。"

薯条也赶忙道歉说："刚才是我太冲动，不应该推姐姐。对不起，姐姐。"

"两个人之间的矛盾，两个人下棋，赢的一方不必太过于炫耀，开心是正常的情绪表达，但是也应该照顾一下对方的情绪；输了棋难过也正常，但是也不要太难过，觉得自己不行，否定自己，你要相信自己有赢的时候。赢棋的人，也要清楚人外有人，山外有山。"

古月老师停了一下又说："同时双方都应该反思一下，寻找自己的问题、也寻找自己的优点，再看看对方有哪些值得学习，这样不进步才怪呢！"

"古月老师，我明白了，书上说，'胜不骄，败不馁。'"

"对的，在棋盘上的体验，比在书上看到的，理解更深。"

"古月老师，除此之外还有别的吗？"栗栗还想从中再找出点什么。

"让我想想。"古月老师捏着硬币陷入沉思。

"这枚硬币为什么是黄色的呢？"薯条看着硬币说。

古月老师眼睛一亮："是金色！优缺点的两面。缺点不在了，优点也就没有了。因此，我们因为有优点又有缺点才是完美，围棋因为有输有赢才会变得有趣。"

"好啦，我们回家吧，看看第八个盒子里是什么？"三个人又一起走向电梯，准备迎接第八个盒子。

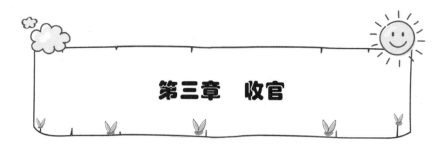

官子是一盘棋的最后阶段。正常收官可以将优势保持到最后，也有很多因官子下得好而反败为胜的例子；官子阶段出现大的失误，则可能丧失大好的形势。所以了解一些收官的知识，可以提高收官水平，让我们更好地下完一盘棋。

一、概念和常识

1. 官子的目数

围住的空地盘的数量就是**目数**，目数多的官子大。

①如何计算目数

黑棋先下和白棋先下的结果相比较，黑白相差的目数相加，就是这个官子的目数。例图 1。

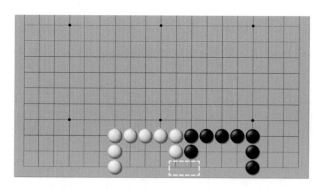

图 1 下边黑白交界处的官子是几目？

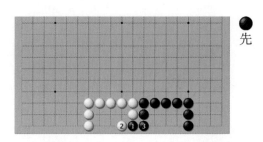

图1-1 黑先下,白棋有5目,黑棋有6目。

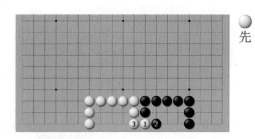

图1-2 白先下,白棋围了6目,黑棋围了5目。

黑棋6目 −5目 = 差额1目

白棋6目 −5目 = 差额1目

黑、白棋的差额相加：1目 +1目 =2目。2目就是这个官子的目数。

无论黑棋下,还是白棋下,都是后手,都是2目,所以图1的官子是后手2目。

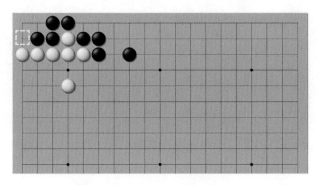

图2 角上的官子有几目?

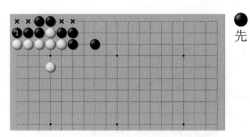

图2-1 黑1挡,围住了标 ✗ 的四个地方（4目）。

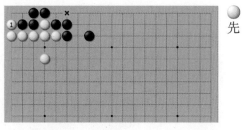

图2-2 白1拐,黑棋只剩标 ✗ 的1目。

图2官子的目数是后手3目（4−1）。

②提子的计算

提对方一子是 1 目，围住一个空地是 1 目。例图 3。

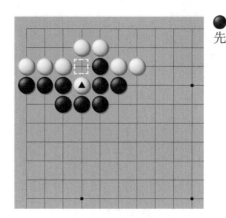

图 3 黑棋提掉 ▲ 是几目？

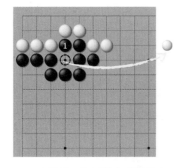

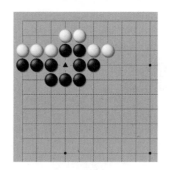

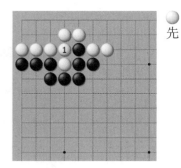

图 3-1　黑 1 提掉
白一子是 1 目。

图 3-2　围住一个
空是 1 目。

图 3-3　白 1 粘，
图中白棋没有围到目。

所以黑棋提一子是 2 目（提子 1 目 + 围空 1 目 + 白棋围 0 目）。

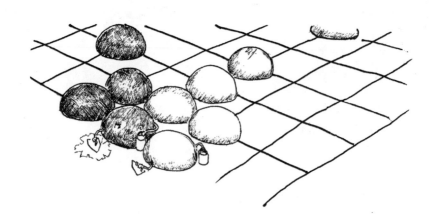

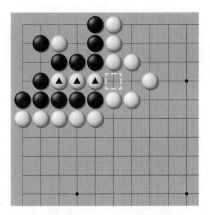

图4 吃掉▲三子是多少目?

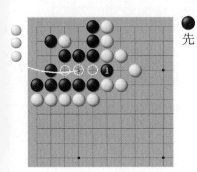

图4-1 黑1提掉
三个白子是3目。

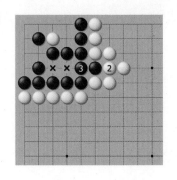

图4-2 以后白2
打吃,黑3粘,黑棋围
到2目。

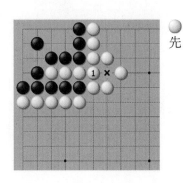

图4-3 白1粘后,
白棋有1目。

这个官子的目数:3目(提子)+2目(围空)+1目(白先下围的空)=6目。

黑棋提掉白三子,围住2目,提子数和围地数不一样,这就是把它们分开计算的原因。多数情况提子和围地数一样,也可以简单计算成提一个子2目,但必须清楚这2目的计算原理,这样计算提子的目数时才不会出错。

2. 官子的先后手

按先、后手来区分的官子有三种：

①双先官子

黑棋先下是先手（图5-1），白棋先下也是先手（图5-2），所以图5是**双先官子**。

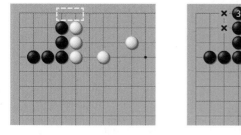

图 5

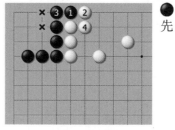

图 5-1

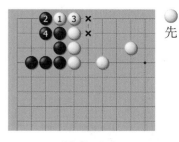

图 5-2

图5-1黑棋先下，至白4，黑棋没花费一手棋就占到这个官子（黑白各两手棋相抵消）。图5-2白棋先下也是同样。

这个官子是双先4目。

因为双先官子不花费一手棋就能收到官子，所以收官子时应优先选择双先官子。

②单先官子

单先官子，只有一方可以先手收官（图6-1 黑棋先手）。

后手方下，又叫逆收官子（图6-2 白棋后手）。

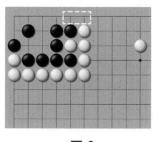

图 6

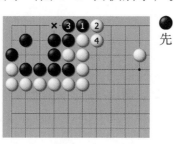

图 6-1

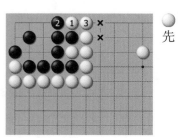

图 6-2

图6-1黑棋先下，至白4，黑棋先手。

图6-2白棋先下，至白3，白棋后手。

这个官子是黑单先3目，白棋下是逆收3目。

③后手官子

双方都是后手的官子就是后手官子。例图 7。

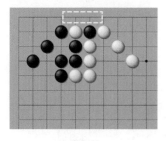

图 7

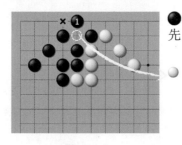

图 7-1

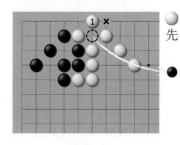

图 7-2

图 7-1，黑 1 是后手 3 目。提白一子 2 目＋围 1 目。

图 7-2，白先提黑一子，同样也是后手 3 目。

图 7 是后手 6 目（3 目＋ 3 目）。

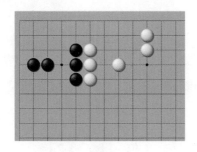

图 8

图 8 这种情况，白棋有两种下法。

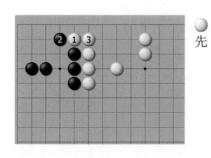

图 8-1

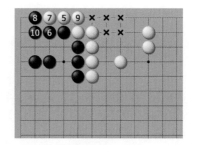

图 8-2

图 8-1，白棋先下，黑 4 脱先，白棋后手。

图 8-2，白棋 5 位扳，至黑 10 补断（比图 8-5 多 5 目）。

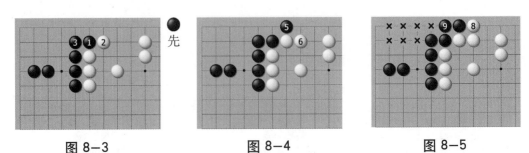

图 8-3　　　　　　　　　　图 8-4　　　　　　　　　　图 8-5

图 8-3，黑先，至黑 3 粘，白 4 脱先，黑棋后手（白棋在这里不下了）。

图 8-4，黑 5 扳，白 6 长（黑白棋一个交换，黑棋脱先）。

图 8-5，以后小官子阶段白 8 打吃，黑 9 粘（比图 8-2 多 7 目棋）。

这样收官是后手 12 目（7 目＋5 目）。

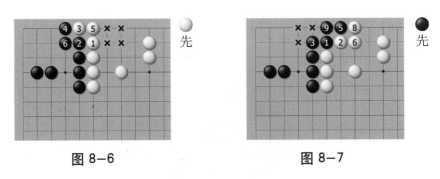

图 8-6　　　　　　　　　　　　图 8-7

图 8-6，白棋的另一种下法。1 位立下，黑 2 挡，白再 3、5 扳粘，白棋是先手。

图 8-7，黑棋先下的结果和图 8-3 相同。

这样收官白棋是先手 7 目（4 目＋3 目）。

　　同样的棋形，白棋图 8-6 是先手 7 目，图 8-2 是后手 12 目。单从目数看是 12 目更大，但却落了后手；选先手 7 目，还可以在别处再下一个官子。哪种下法更好，在局部是无法做出判断的，只有把这个官子放到全局里，才能判断哪种下法对自己更有利。

　　还需要注意的是，先手是对方必须应的棋，对方脱先会吃大亏。如果对方不应，自己也没有厉害的下法，就不能算先手。

3. 收官的规律

官子阶段，可以参考下面的收官规律：

（1）从大到小

先下目数大的官子。

（2）由先而后

先下先手官子，再下后手官子。

具体顺序是：双先官子、单先官子（己方先）、逆收最大的官子（对方先）、后手官子。

（3）先上后下

靠近中央为上，靠近边角为下。例图9。

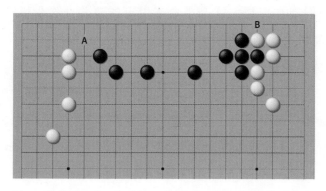

图9 A是二路的官子，B是一路的官子。按照先上后下的原则，二路的官子要大于一路的官子。

（4）先宽后窄

一般来说，宽阔的地方比窄小的地方更大。例图9，A点明显比B点要宽阔些，所以从样子上也可以看出A位的官子更大，所以要先下A位。

只要按照这几条原则去收官，收官就可以过关了。

学棋宝物里的九堂课

橡皮

这次轮到栗栗拆学棋宝物了。栗栗从旅行箱里拿出第八件物品，正准备拆时，古月老师按住小盒子说："等等，我们来猜猜，这第八件会是什么主题呢？"

栗栗停了下来，摇了摇小盒子，略想了一下说："我们说过快乐，围地，价值，攻防……"

薯条接着说："还有爆米花，插线板，五角钱硬币。"

"是思考，变化和输赢。"栗栗说。

"OK，那咱们现在想想，这个小盒子里可能藏着什么学棋宝物呢？"古月老师听完他们的梳理，又回到那个问题。

"吃子。"薯条脱口而出。

"就知道吃。"栗栗很无奈地说，"死活、吃子、对杀、打劫……都有可能啊，唉，该不会是打劫吧？这个小盒子里放着一双丝袜？"她的话把大家逗笑到肚子痛。

古月老师说："要从那么多着法里选一个的确太难了，不如直接来一本围棋字典得了。但这个这么小的盒子，不太像。这可是倒数第二件啦。"

栗栗和薯条一听，齐声说："收官？！"

可栗栗又立刻摇头说："不对，我想过是收官，或者是复盘。但如果这个是复盘，那么最后一个该是什么啊？"她抓起标着数字 9 的盒子，看了看，比较大，而且还有点儿分量呢，摇摇头说："不像是计算器。"

"拆开不就知道了？"薯条说。

"NO！"古月老师又一次干脆回绝这个提议。古月老师说："好书一定不要一下翻到最后一页，看到谜底，中间的过程就没意思了。"

其实栗栗也想过全拆开看看，但没有说出来。她想起来以前看悬疑小说，过程紧张到尖叫，好几次冲动想直接翻到最后一章，但她最终还是忍住了。

"哎呀，还要等多久才拆这个盒子啊。"薯条有些着急了。

打开第八件物品，是一块儿白色橡皮。

"真的是复盘。"栗栗一脸不可思议。

古月老师也惊喜自己居然猜对了。"复盘，也是反思。很多人觉得复盘是一件不可思议的事情，但其实这和做数学题，一步步验算，写出每一步思路是一样的。只要把双方的棋子在棋盘上再摆出来就行，多练习就好啦。不过我们刚开始学棋时的复盘，更多是复述下棋的过程就好。这块儿白色橡皮，也许还代表有错不可怕，重新写，重新下一盘就好啦。正确的态度，比错误本身更重要。"

"我妈妈跟我说：'如果要仔细的话，就不会用到橡皮了。'那是不是如果我细心下棋，就不需要复盘了呢？"栗栗问道。

"我觉得，细心下棋，是可以减少错误的发生，但并不代表可以不用复盘。复盘、反思，更多是一种能力。也是你们在日后学习、工作中所必须拥有的技能。"古月老师继续解释道。

"那就是说，并不是犯了错以后才复盘、反思，是嘛？"

"对啊，你赢了棋，一样可以复盘，想想你哪些地方下得好，哪些地方可以总结成你自己的方法，也可以想想如果你是对方，遇到你这手好棋，该如何应对……总而言之，可以复盘的地方有很多很多。"

"而且，你们知道吗？橡皮是用胶做的，这种胶源于橡树。工人在橡树上割一刀，橡树就会流出白色的液体，经过熬制，才会变成你们现在的橡皮。这又告诉我们什么呢？"

"我想，做任何事情都会付出代价，橡皮如此，我们也一样。"栗栗像个演说家。

"栗栗真厉害！"古月老师为她竖起大拇指。

"橡皮都被你们说完了，我来拆最后一个吧。"薯条终于等到拆最后一个标着数字 9 的盒子了。

薯条打开盒子，自己先瞅了瞅，然后一脸怪怪的表情，把它倒了出来……

二、官子的大小

1. 计算官子的目数

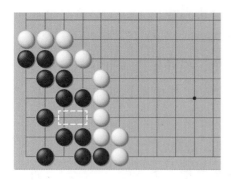

图 1 标识处的官子是几目？

图 1 的官子是 1 目。

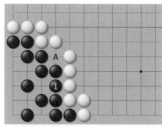

先

图 1-1 黑 1 挡，围住一个空是 1 目（A 是单官没有目）。

先

图 1-2 白 1 冲，自身没有围到目，破坏黑棋围 1 目，价值也是 1 目。

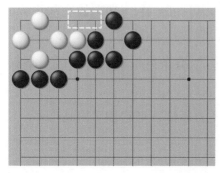

图 2 黑白交界处的官子是几目？

图 2 的官子是 1 目。

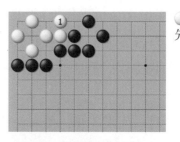

先

图 2-1 白 1 立围住一个空是 1 目。

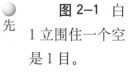

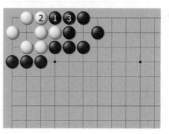

先

图 2-2 黑 1 扳破白 1 目。白 2 黑 3 都没有目。

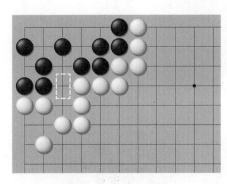

图 3 黑先几目？

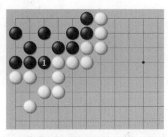

图 3-1 黑 1 围 1 目。

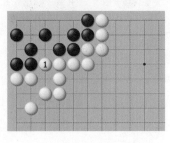

图 3-2 白 1 围 1 目。

图 3 的官子是 2 目（1 目＋1 目）。

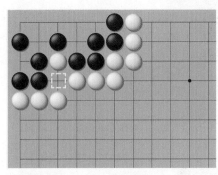

图 4 双方交界处的官子是几目？

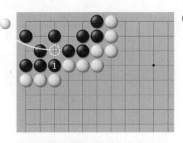

图 4-1 黑 1 提白 1 子是 1 目。

图 4-2 围 到一个空 A 是 1 目。

白棋先下，连回一子，没有围到目。

图 4 的官子 2 目（1 目 +1 目 +0 目）。

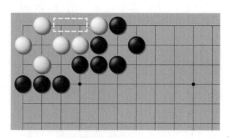

图 5 计算标识处官子的目数。

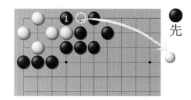

图 5-1 黑 1 提白一子是 1 目。

图 5-2 以后白 2 打吃，黑 3 粘，黑棋没有围到目。

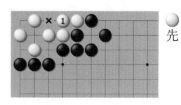

图 5-3（白先）白 1 粘围到 ✕ 是 1 目。

这个官子是 1 目（黑提一子）+1 目（白围一空）= 后手 2 目

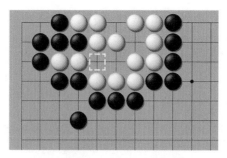

图 6 这个官子价值几目？

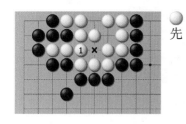

图 6-1 白 1 粘，围到 1 目。

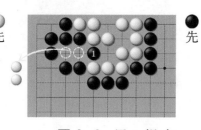

图 6-2 黑 1 提白两子有 2 目。

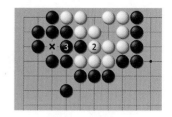

图 6-3 以后白 2 打吃，黑棋 3 位粘，围到 1 目。

这个官子是 4 目（1 目 +2 目 +1 目）。

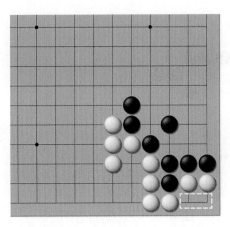

图 7 角上的的官子几目？

图 7-1 白 1 粘有 1 目。

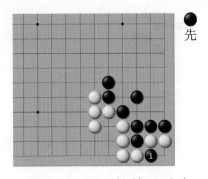

图 7-2 黑 1 扑就可以吃掉两白子了，现在黑棋有 5 目。

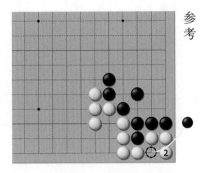

图 7-3 白 2 提没有意义。白提黑一子有 1 目。

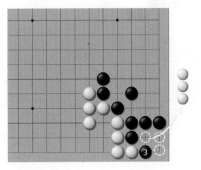

图 7-4 黑 3 提 6 目（提 3 目＋围 3 目），减去前图白棋 1 目，和图 7-2 一样，还是 5 目。

这个官子是 6 目（白先 1 目＋黑先 5 目）。

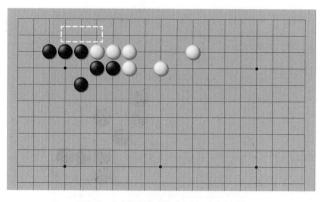

图 8 标识处的官子几目？

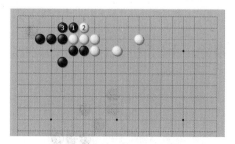

图 8-1 黑棋 1、3 扳粘，正常收官。

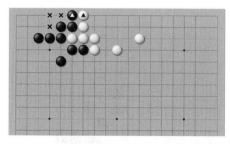

图 8-2 按双方立下的常规计算方法计算目数。

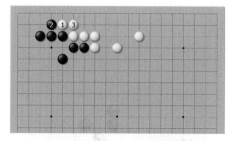

图 8-3 白棋 1、3 扳粘。

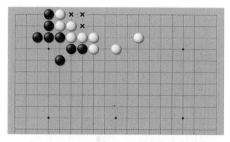

图 8-4 同样按双方立下计算目数。

这个官子是 6 目（3 目 +3 目）。

2.比较官子的大小

学会数目，就可以通过数目的方法比较两个官子的大小。

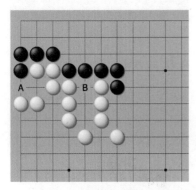

图1 A是1目，B是2目。B比A大。

图2 A是3目，B是2目。A比B大。

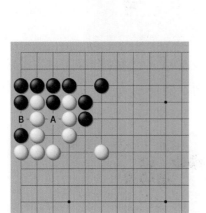

图3 A是1目，B是2目。B比A大。

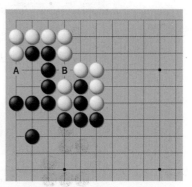

图4 黑棋在A位能围到3目，在B位提掉是4目。B比A大。

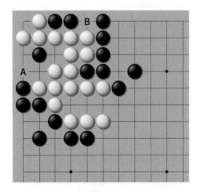

图5 黑棋下A位是5目，下B位是4目。A比B大。

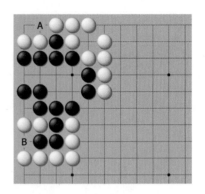

图6 A位扑吃是6目，B位是5目。A比B大。

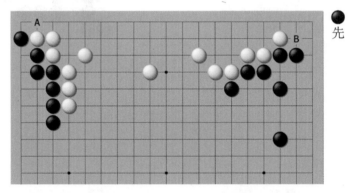

●
先

图7 A是一路官子，B是2路官子。按照
先宽后窄或先上后下的收官原则，都是B点大。

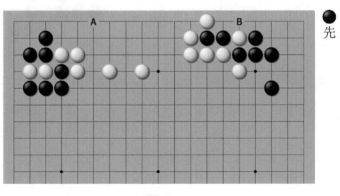

●
先

图8

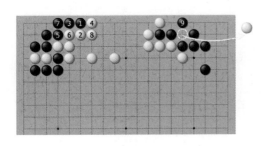

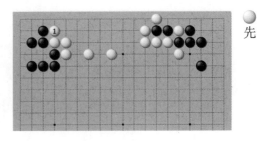

图8-1 黑1大飞，至白8粘，黑棋先手，再于9位提。

图8-2 白棋先下，直接在1位挡就可以。

图8-1中，黑棋先下1位先手官子，两个官子都下到了。所以，先下先手官子很重要。

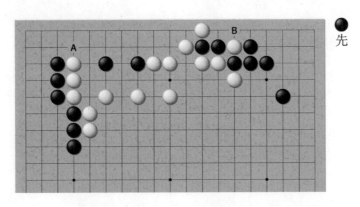

图9 A、B两点哪个更大？

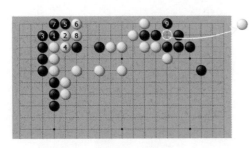

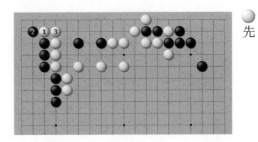

图9-1 黑1、3扳粘，缩小白空，至白8，黑棋先手收完这个官子，再于9位提白棋。先下A位的先手官子，这样两个官子都下到了。

图9-2 白棋先下，1、3扳粘很大。

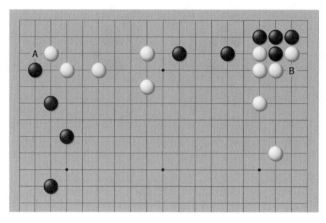

图 10　A、B 两个官子哪个大？

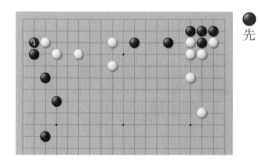

图 10-1　黑 1 爬，白 2 脱先（如果白棋挡，黑棋先手便宜）。

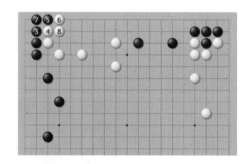

图 10-2　黑 3 立下，白 4 挡，黑 5 扳粘先手。

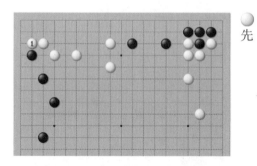

图 10-3　白棋先下会在 1 位挡，黑棋脱先。

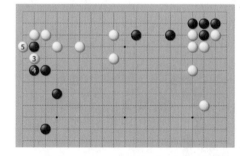

图 10-4　以后白棋有可能下到 3 位夹和 5 位吃。计算时，只算一半目数。

　　图 10-2 和 10-4 比较，图 10 的 A 官子大约是后手 16 目。因为计算过程较为复杂，所以只要记住这个官子价值 16 目就可以了。

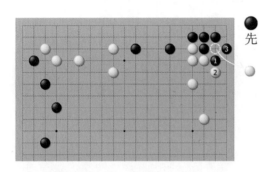

先

图10-5 黑1位断吃白一子，
白2打吃，黑3提，白4脱先。

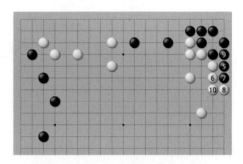

图10-6 以后黑5扳是先手，
至白10粘这个官子就下完了。

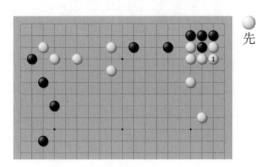

先

图10-7 白棋先下时，1位粘，
黑2脱先。

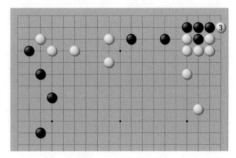

图10-8 以后白有3位扳的
下法，3位扳只算一半的目数。

图10，A后手16目，B后手11目，A大于B。

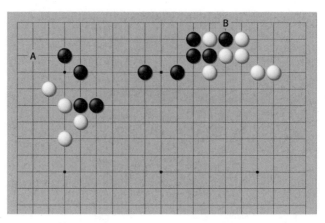

图 11 比较 A、B 两点的大小？

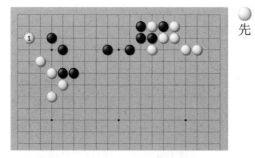

图 11-1 白 1 小飞，黑 2 脱先（如果应，白棋先手便宜）。

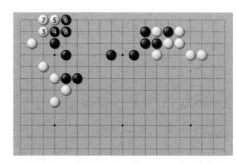

图 11-2 以后白 3 小尖，再 5 位扳粘是先手。

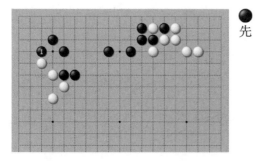

图 11-3 黑先下，1 位尖顶。

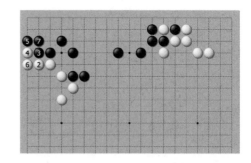

图 11-4 白 2 立，先手收官。

图 11，A 位官子是后手 18 目（图 11-2 和图 11-4 差值相加）。

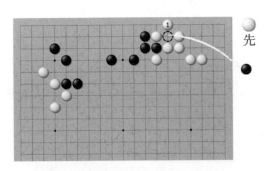

图11-5 白棋先下B位官子，白1提，黑2脱先。

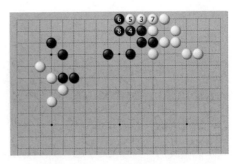

图11-6 以后白3扳，先手收官。

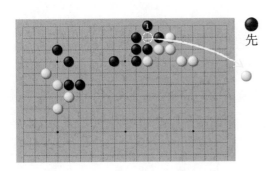

图11-7 黑棋下B位官子，黑1提，白2脱先。

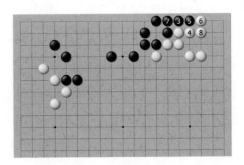

图11-8 以后黑3扳，先手收官。

图11，B位官子是后手14目（图11-6和11-8相比较，双方差值相加）。A大于B。

学棋宝物里的九堂课

云南野生菌锅底料（一）

这是最后一件物品，第九件。

啊？云南野生菌锅底料？

火锅底料？古月老师也一时卡壳，这和围棋有什么关系？

"哎呀，我还以为老师什么也知道呢。"薯条一直以为老师无所不能。

古月老师倒是很坦然："每个人都有自己不知道的地方，想不到的地方，坦然面对自己的不知道，再像海绵宝宝一样不断吸收新发现的知识就好啦。"

"海绵宝宝。"

"对，我们都是吸收各种知识的海绵宝宝，你难道不是个宝宝嘛？"

"不，我长大了，不是宝宝。"薯条比划着自己的个子，向大家宣告自己长大了。

栗栗捂着嘴笑，边笑边说："我们都是海绵宝宝，那么请这个'大人'来说说云南……什么……哦，野生……云南野生菌锅底料和围棋有什么关系？"

薯条一听栗栗的问题，问道："什么是野生菌？是细菌吗？"

"哎呀，还大人呢，连这也不知道。野生菌就是各种蘑菇，懂了吧。"栗栗笑话弟弟是什么都不懂的"大人"。

薯条这才知道，原来除了鸳鸯锅以外，还有一种火锅是蘑菇火锅，这种火锅好吃吗？多会儿能让爸爸带自己去吃一顿呢？自己还从来没有吃过呢，还有最关键的事情，这个蘑菇锅和围棋又有什么关系呢？

大家一时都陷入沉默，没了头绪。

"我有办法啦。"薯条突然的一声，让大家都看向他，"咱们要不和二姨语音吧，二姨肯定知道。"

"废话，二姨就是出题人，怎么可能不知道。"栗栗嘲笑薯条说话总是想起一出是一出，一点都不思考。但却没有阻止薯条拨通二姨的微信语音。

古月老师也默认了薯条的语音通话。

接通视频后，镜头的对面，二姨正在一张巨大的实木桌子前工作，桌上散乱着小山一样高的围棋书籍、绘本、草稿、彩铅……最近二姨和某家出版社合作，想要画一套围棋绘本，一套专门给孩子们看的原创绘本故事。

薯条一听二姨要出围棋绘本，高兴得把小脸蛋快要凑近屏幕，恨不得钻进去到二姨身边问："二姨，绘本故事，多会儿就能写出来？"

二姨也凑近屏幕，顺手拿出一张画好的图，举在眼睛下方，"看哦，画得不错吧。很快就会出来啦。"二姨的画，引来一阵欢呼。

"你们的盒子拆得怎么样了？好玩儿吗？"二姨另一头问到。

栗栗也赶紧凑过来，两个脑袋霸住了整个屏幕，"二姨，您给我们的第九个学棋宝物，里边的那个什么……云南野生菌汤锅……的底料……到底是什么意思呀。"栗栗的这一问，薯条也赶紧一起问："对呀，二姨，是什么呀？我们都猜不出来，古月老师也想不出来。"

"我还以为你们都猜出来了呢。这个我可不能说，你们自己想吧。如果实在想不出来，就把它吃了吧，反正很好吃，我常吃。"话还没说完，二姨就和他们说再见，挂了语音。

"啊！二姨的操作怎么和薯条一样爱吃！难道……答案在锅里？"栗栗奇怪二姨的最后一句话，她觉得这一定是一个重要的提示。就像下棋一样，会有味道。二姨总是这么说。

栗栗曾经问过二姨，什么是"味道"啊？

二姨告诉栗栗，就是感觉这个地方有棋，但是目前看不出来，不好说。这就叫味道。

还得靠自己，我们再想想吧。

可是薯条不想再想了。"你们女生下棋一步要想好久，就和妈妈化妆一样慢。"

"下棋本来就应该慢慢思考，思考后再下棋。哪像你，随便往棋盘上下棋，想都不想。"栗栗立刻反驳薯条。

薯条向来说不过栗栗，"我想了，我是想了才下的。是吧，古月老师。"

收官实战

下面的这盘棋选自学生的对局，我们来看一下如何运用所学到的收官知识来收好这盘棋的官子。

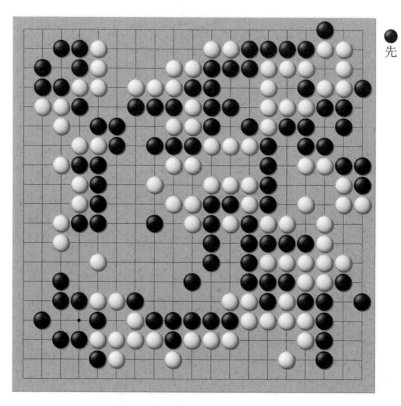

● 先

图 1 把官子部分下完。

图1-1 图中标示的地方都是需要收官的地方。

一般来说，空旷的地方价值更大，但现在的中央很小，几块棋的头都伸到中央，致使双方在中央都围不大。

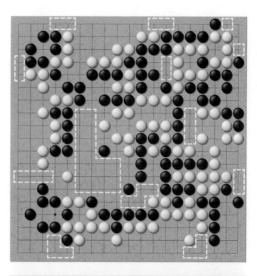

图1-2 黑棋先从边上开始收官。黑1二路小尖，白2挡（白棋如果不挡，黑棋有大伸腿破白空的先手官子），黑3粘，价值很大。

黑棋遵循**先上后下**的原则，先收1和3这样的二路官子。

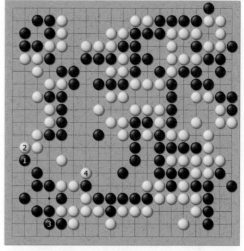

图1-3 黑5扳先手，白6虎补棋。黑7、9先手扳粘。

按照**由先而后**的原则，黑棋先收5和7这样的先手官子。

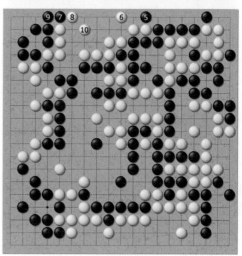

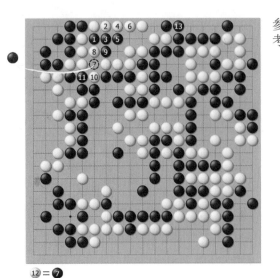

参考

图 1-4 上图白棋 10 如果不补断，则黑 1 断吃，至黑 13，整块白棋被杀。

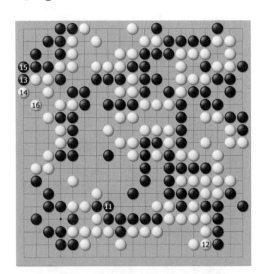

图 1-5 黑 11 粘，除了本身价值，还有关注整块棋死活的作用。

黑 13 扳粘，本意是要抢先手官子。

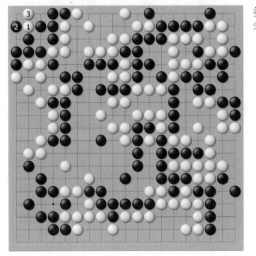

参考

图 1-6 黑棋忽略了白棋有 1 位挤的手段，黑 2 打吃，白 3 立下后整块棋双活（黑棋只有 2 目棋）。

如果图 1-5 黑棋不下 13 和 15，黑棋角上有 6 目棋。

这也提醒大家，撞紧气后，很多棋会发生变化。

图 1-7　此处白棋如果不补棋，黑棋有 1 位点的手段。

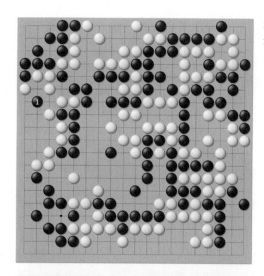

图 1-8　黑 17 夹，加强中央。白棋 18、20 先手扳粘。白 22 再应对中央黑棋，至黑 27，虽然黑棋围的目不多，但将两边连起来，就不用再担心死活问题了。

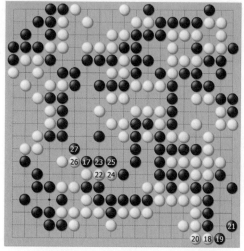

图 1-9　白 28 先手挤后再于 30位打吃。

黑棋下在 30 位打吃，是现在的双先官子。

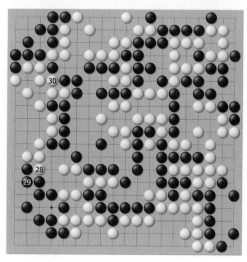

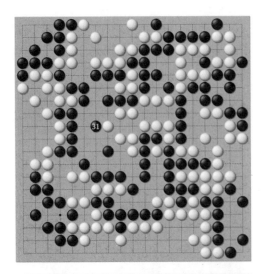

图 1-10 黑 31 靠非常巧妙。

参考

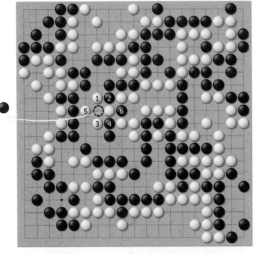

图 1-11 白 1 如果扳出破坏黑空，则黑 2 断，至黑 6 扑，中央整块白棋被杀。

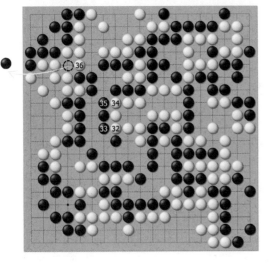

图 1-12 所以，白棋只好 32、34 团，简单处理，然后 36 提吃黑棋一子。

图 1-13　黑 37 挖，白 38 打吃，黑 39 断吃，白 40 粘，黑棋 41 提先手，白 42 粘住活棋。

黑 43 爬，破掉白棋 2 目，下一手还有 A 位渡过。

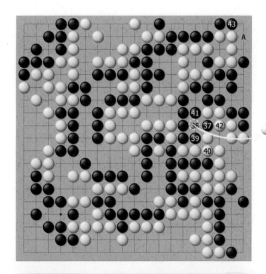

图 1-14　白 44 打吃阻渡。

白 46 立先手。

白 48、50 冲也是先手。

白 52 和 54 扑，破坏黑棋下边做眼（局部目数没有变，黑还是 2 目），破眼的作用是以后黑棋必须 A 位提。

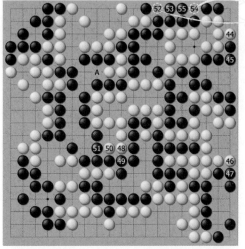

图 1-15　白棋 56 逆收 1 目。

黑棋 57、59 扳粘和白 60、62 扳粘价值一样大。

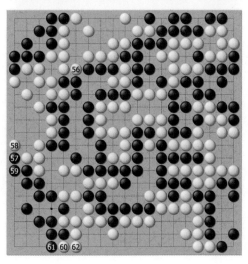

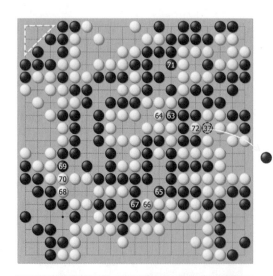

图 1-16 黑 63 冲先手，白 64 挡。

黑 65 贴围住 1 目。

白棋 66 冲先手破一目。

白 68 虎，逆收 1 目。

黑棋 69 冲，先手。

黑 71 下到最后 1 目棋。

白 72 提劫。

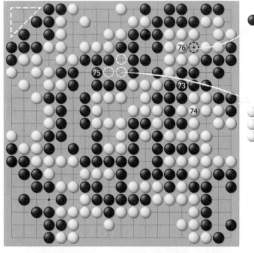

图 1-17 黑 73 粘，白 74 粘劫。

现在全盘已经没有可以增加目数的地方了。

黑 75 提（和单官一样），把该补的棋先补掉（最后白棋紧气是打吃，黑棋还是得提）。

白 76 提，也是一样。

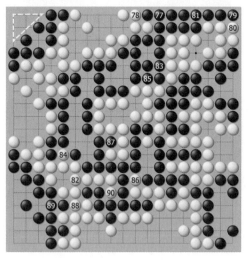

图 1-18 黑 77～白 90 双方依次收完单官，全局结束。

左上角的黑空里虽然有棋，但双方默认没有棋，就保持现状进行计算。

白棋 182，黑棋 179，这盘棋白胜。

云南野生菌锅底料（二）

古月老师说："嗯嗯，思考是看得见的，只是表达的方式不同罢了。"

"怎么想的，可以看见？真的能看见吗？"

古月老师特别肯定地告诉薯条："当然，你下棋时是否认真，从你的表情，你的动作，你下的每一步棋，都能看见。思考，是有迹可循的。"

"哇，太不可思议了。我怎么从来没有发现思考的样子。"

"就像围棋里的味道？"

"啊，味道？哈哈，可以，都需要训练用心看。"古月老师点了点薯条的小鼻子。

"什么味道啊？我来听听……"爸爸正巧敲门进来，"这箱学棋宝物让你们这几天聊得这么开心，看来收获很多呀。为了庆祝你们解密成功，今晚咱们吃云南野生菌火锅。"说完，就要拿走桌子上的云南野生菌火锅底料。

"可是我们不知道云南野生菌火锅底料到底是什么意思啊？你拿走我们怎么办？"栗栗和爸爸说。

"东西可以拿走，思想还在你们脑子里呀。"

"我爸一定和二姨串通好了。"栗栗肯定地说。

古月老师、薯条都点了点头。

到了饭点儿，全家人围坐在方桌上。桌子正中央的菌汤锅冒着晃晃悠悠的热气，各种不认识的蘑菇在小火中咕嘟咕嘟翻着小跟头。古月老师、栗栗帮薯条妈妈把洗好的菜品装盘，薯条和爸爸则负责拿碗，摆盘，等所有东西都准备齐，大家一同坐下。这时，薯条爸爸才问："怎么样，找到答案了吗？"

"答案？"薯条举着筷子，停在半空中。薯条早就忘记了围棋宝物这事儿，一心惦记着赶紧尝尝这个蘑菇火锅。

"薯条，别急，找到了答案，好好吃。"爸爸让薯条先放下筷子。

薯条不情愿地放下，看着冒着热气的火锅，说："吃饭还要动脑筋，真伤脑筋。"

爸爸笑着说："干嘛不动脑筋啊，你想到什么了吗？"

"火锅是围棋呗。"薯条说。

"不错，还有呢？"爸爸敲着旁边装着香菇盘子继续说，"大家都来说说嘛。"

古月老师一直没说话，她当时帮忙装盘的时候就一直在思考这个问题，现在看着这满桌子的各种菌菇，有一个大胆的猜测。"我猜薯条爸爸是不是要说……"

"什么？"所有人的眼睛都看向古月老师，期待着答案的揭晓。

古月老师看了看薯条爸爸，然后转向薯条和栗栗说："如果把火锅看作围棋，那么其他配菜就是各种不同的学科。都可以放到围棋里，他们依旧是自己的形态，但是有了围棋文化。就像咱们的围棋与思辨，数学启蒙与围棋，围棋和航空世界……火锅底料其实就是跨学科学习。"

爸爸在旁边举起大拇指，这个解释真妙！

薯条就接着说："啊，真难，不过我明白了。"他拿筷子拎起一个木耳放在锅里，"我现在涮的不是木耳，而是书法！"

栗栗也拿起筷子夹住一个竹荪说："我现在要涮的是美术……"

古月老师也和大家一起，夹起了自己最爱吃的平菇，说："我现在要涮一波儿围棋与思辨……"

那个晚上，解开了所有的宝盒，他们不知道，以后还会有更多的宝盒等待他们继续用思考解锁。

后记

夜已经很深了，古月老师在笔记本前写完了最后一个字。这三天的经历，让她的网课又多了一条思路。

明天她要把这些发生在自己身上的故事，讲给她的学生。